自治体の人事評価が
よくわかる本

これからの人材マネジメントと人事評価

自学工房（人材育成アドバイザー）
小堀　喜康

公人の友社

目　次

はじめに……………………………………………………………… 3

序　章　人材育成から自育支援へ………………………………… 7

第1章　自治体の人事評価の状況は………………………………20

第2章　人事評価の目的とは………………………………………28

第3章　モチベーションの知識……………………………………35

第4章　コンピテンシーの知識……………………………………49

第5章　目標管理の知識……………………………………………55

第6章　簡易コンピテンシー評価（岸和田方式）………………63

第7章　目標管理による業績評価（岸和田市モデル）…………77

第8章　人事評価制度の開発と運用………………………………89

第9章　地公法の改正への対応………………………………… 105

おわりに………………………………………………………… 119

（参考文献）…………………………………………………… 121

はじめに

　この本は自治体に働く多くの職員の方々に、人事評価を正しく理解するための情報を提供したい、人事評価についてもっと関心を持ってほしい、人事評価のあり方について考えてもらいたい、そして人事評価を自己の能力開発のために活用してほしいと思って書いた本だ。

　この10年ほどの間に全国のかなりの自治体で人事評価制度が導入されてきている。また、昨年（2014年）5月に人事評価の実施について定めた地方公務員法の一部を改正する法律が公布されたことから、今後さらに多くの自治体で人事評価制度の導入が進むことが予測される。

　しかし、これまで人事評価に関する本といえば人事担当者を対象にした実務解説書か評価者（管理職）に向けた評価や面談、部下指導のノウハウ本ばかりだった。人事担当以外の職員が人事評価について関心を持ち不満や疑問を感じて詳しく知りたいと思っても、人事評価についてわかりやすく書かれた本は見当たらなかった。

　この本は、①自治体の人事評価の状況、②人事評価について考えるために必要な基礎知識、③「人材育成型」の人事評価制度の考え方、を知っていただくことを目的にしている。だから、枝葉の実務解説ではなく人事評価の理念・考え方の説明に力点を置いた「人事評価制度論」といった内容になっている。また、「人材育成型」の人事評価制度の理念・考え方は、従来の「処遇管理型」の人事評価制度のそれとは下記の点で大きく異なっている。（私は従来型の人事評価制度を「処遇管理型」と呼び、この本で紹介する人材育成・能力開発を目的とする人事評価制度を「人材育成型」と呼んでいる。）

①個人視点からの制度

　これまでの処遇管理型の人事評価制度は、「信賞必罰」「アメとムチ」で人を管理することを目的とした組織の視点（論理）でつくられた制度だった。これに対して、人材育成型人事評価制度は、働く人が「自学（自主学習）」によって自らの能力を開発し成長するのを支援することを目的としている。つまり、個人の視点（論理）からの制度になっている。

②能力開発とマネジメントの向上が目的

　人材育成型の人事評価では、評価結果を使って給与・手当を査定することをしない。そういう使い方をすれば、評価に歪みが生じて能力開発に活用できないからだ。評価を金銭報酬に直結させた「アメとムチ」による管理が組織と人を壊すことは、既に成果主義の失敗によって明らかになっている。人事評価は能力開発を目的としなければならないというのが人材育成型の理念・哲学だ。

　また、職員の自律性を尊重し目標管理（業績評価）を正しく使えば、仕事のマネジメントが格段に向上し、組織力を高めることができる。これも人事評価のもう1つの目的だといえる。

③組織で働く一人ひとりが主役

　処遇管理型の人事評価制度では、組織（人事担当）あるいは上司（評価者）が制度を使う主役（主体）となっている。一人ひとりの職員（部下）は、「被評価者」と呼ばれることからも明らかなように評価される対象（客体）という扱いだ。しかし、「自学（自主学習）」による能力開発を目的とするなら、制度を使う主役（主体）は職員でなければならない。なぜなら、「自学」とは職員が自発的、主体的に学ぶことだからだ。能力開発するのは組織でも上司でもなく本人なのだ。新しい人材育成型の制度は、一人ひとりの職員を主役（主体）と位置づけて従来の人事評価の固定観念やルールを否定することからスタートする。

　この人材育成型の人事評価制度は「岸和田方式」と呼ばれ、既にかなりの自

治体で採用されている。しかし、人事制度という専門的な分野での話なので、自治体職員であっても人事担当以外の人にはほとんど知られていない。でも、そういう人にこそこの本を是非とも読んでもらいたい。なぜなら、よりよく働き充実した職業人生を歩むためには組織と個人との関係を変えなければならないからだ。

　20世紀が「組織によって人が管理された時代」だとしたら、21世紀は「人が自律的に働き組織に貢献する時代」であり「個人と組織とがWin-Winの関係を築く時代」なのだ。単純な肉体労働を前提とした人事制度は既に過去のものとなっている。組織が「アメとムチ」で個人を支配する人事管理とは決別しなくてはならない。ルーチンワークであっても創意工夫による「カイゼン」がなければ生産性、効率性の向上はない。組織にとっても「知的で自律的な働き方」が必要不可欠なものとなっている。人事評価制度も「処遇管理型（20世紀型）」から脱却し、新しい「人材育成型（21世紀型）」へと移行する必要がある。

　ところが、全国の自治体のなかには従来からの処遇管理型の人事評価制度を採用する団体も多く、両者が混在している状況となっている。そこへ昨年（2014年）5月に人事評価の実施を定める地方公務員法の一部を改正する法律が公布され、自治体現場はさらに混乱した状況となっている。自治体の人事政策は、いま岐路に立たされているといっても過言ではない。
　そのような状況を考慮して、後半の章では自治体の人事担当者に向けた制度開発と運用のポイント、今回の地公法一部改正への対応も取り上げることにした。やや専門的な部分もあるが、人事担当以外の方にも各職場での人事評価制度の運用と能力開発への活用を考えるうえで大いに参考になるものと思う。ぜひ、最後まで読んでいただきたい。

(注)
　なお、本書では実際の人材育成型の人事評価制度を紹介するのに、私が開発・運用に携わった岸和田市の制度を事例として使用している。
　自治体では「人事評価」という呼び方が一般的だが、岸和田市では「人事評価」ではなく「人事考課」という呼び方をしている。従って、図表として掲載している評価シートも名称は「能力考課シート」となっており、なかの表記も「考課項目」「考課点」となっている。「考課」を「評価」と置き換えて見ていただきたい。
　本書では、「人事評価」の方が一般的であり、法律上も「人事評価」という名称が使われているので「人事評価」を使うこととする。また、岸和田市では業務目標の達成度評価を「実績評価」と呼んでいるが、これについても法律に従って「業績評価」という名称を使用することにする。

序章　人材育成から自育支援へ

　この本は、人事評価に関する基礎的な知識と新しい発想の「人材育成型（21世紀型）」の人事評価を紹介し、みなさんに「人事評価」がどうあるべきか、どう活用すべきなのかを考えていただくことを目的としている。しかし、本題の人事評価の話に入る前にお伝えしておきたいことが2つある。

　1つは、人は組織によって育てられるのではなく自分で育つのだということ。

　もう1つは、効果的な能力開発は本人の「自学（自主学習）」によって初めて可能となる。つまり、能力開発の主役（主体）は組織でも上司でもなく、一人ひとりの職員（本人）だということだ。

　この2つの視点は、「人材育成型（21世紀型）」の人事評価制度の理念、考え方を理解するうえで欠かせない。建物に例えるなら土台（基礎）にあたる重要な視点だからだ。では、基礎の工事から始めることにしよう。

■「人材育成」への違和感

　あなたは「人材育成」という言葉を聞いて何か感じないだろうか。私は数年前から「人材育成」という言葉にすごく違和感を持っている。

　「能力開発」という言葉もある。私の個人的なイメージだが、「能力開発」は職務を遂行するために必要とされる知識やスキルを修得するための学習・訓練を意味し、「人材育成」はもう少し広い意味で使われているように思う。よく見かけるのが「政策形成能力と行動力を持ったプロの行政マンの育成が必要だ。そういう人材育成に力を入れなければならない」といった使い方だ。

　この「能力開発」「人材育成」はどちらも組織の側から見た考え方だが、職員の側から見るとどうなるだろうか。私は10年ほど前に受講した研修をきっかけにキャリア・デザインに興味を持ち、それ以来いろいろ自分で学びながら

考えてきた。なぜなら、他ならぬ私自身がキャリアの進め方、自治体職員としての生き方に迷っていたからだ。どうすれば「プロの自治体職員」として成長できるのだろう？　どうすれば「いい仕事」ができ後悔しない充実した職業人生が送れるのだろう？　そんな悩みを抱きながら個人の視点から「職員の成長」について考えてきた。

■どんなときに職員は成長するのだろうか？
　いきなりだが、次の質問を読んで回答を考えてみていただきたい（5分程度で）。

【質問】
　これまでの人生を振り返ったとき、あなたはどんなときに自治体職員、あるいは職業人、社会人、人間として成長したと思いますか。
（成長のきっかけとなった出来事や経験を2つくらい思い出してください）

　どうだろう、思い当たる出来事や経験が2つくらいあっただろうか。ほとんどの人は、そういう出来事や経験の1つや2つはきっとお持ちのことだろう。
　人の成長を図で表すと、直線的に上がっていくのではなく階段状にステップ・アップするのがふつうだ。つまり、何かの出来事、経験があったときに、それまでの自分から1段階ステップ・アップした自分になる。あなたも、いま思い出していただいた出来事や経験によって大きくステップ・アップされたのではないだろうか。
　では、ここで「自治体職員の成長要因調査」の結果を紹介したい。この調査はこれまで私が「人材育成と人事評価」や「自学のすすめ」といったテーマで講演や研修の講師をさせていただいた機会に実施したものだ。
　調査方法は、受講者に上記の質問を書いたシートを配り回答を簡単に記述してもらうというもの。2007年11月から2014年11月までの7年間に23回の調査機会があり、1,929名の方から3,287の回答をいただいた。次ページ

の**図表1**は、それらの回答を集計してまとめたものだ。最初に「大きな仕事、困難な仕事をやり遂げた」というように記入内容を要約して設けた「成長要因」ごとに集計した後、それらに共通する要因を「成功体験・達成感」といったキーワードで表現した中分類にグルーピングし、最終的に「仕事」「経験・状況」といった大分類に整理している。

この表の「成長要因」欄を見ていただくと、先ほど考えてもらったあなたの回答と同じもの、似たものがあるのではないだろうか。では、一緒にもう少し詳しく見ていくことにしたい。

最初に表の左端の「大分類」欄をご覧いただきたい。「仕事」（回答数936）と「経験・状況」（回答数628）に分類される回答が圧倒的に多く、この2つで全体の約半数（47.6％）を占めている。職員を成長させる最大の要因は、仕事そのものと仕事の経験・状況であることがわかる。

また、中分類に目を向けると、最も多いのは「成功体験・達成感」（回答数483）で、「新たな仕事へ挑戦」（回答数325）、「新しい視点の獲得」（回答数306）、「仕事を任される」（回答数255）が続いている。大きな仕事や困難な仕事をやり遂げて得られる成功体験や達成感、新たな仕事に挑戦した経験から生まれる自信・有能感が職員を成長させている。仕事のなかで獲得した新しい視点や責任を持って自律的に仕事をした経験もその後の職員の成長につながっているようだ。

大分類で3番目に多いのが「出会い・評価」（回答数440）と「人事」（回答数439）に関するもので、ともに全回答の13.4％を占める。

「出会い・評価」に関する回答は、内容を見ると「人との出会い」（回答数229）と「周囲からの評価」（回答数211）とに分類できる。良い上司、先輩、がんばっている職員からの刺激や他者からの評価が成長のきっかけとなったとする回答が多数あった。職員は、周囲の人たちからいろいろな刺激を受けて育っている。また、周囲の人々から認められることや評価されることも、モチベーションを高め成長を促す要因となっている。

「人事」も同様に大きな成長要因であり、特に「新しい立場、部下を持つ（責

図表1　「どんなときに成長したかシート」回答のまとめ　　　　　（　）内の数字は回答数

大分類	中分類	成長要因	回答数
仕事 (936)	成功体験・達成感 (483)	大きな仕事、困難な仕事をやり遂げた	291
		問題（トラブル・クレーム）・課題を解決した	119
		プロジェクトやイベントに参画した	62
		自分の提案が採用された、自分の意見が言えた	11
	新たな仕事へ挑戦 (325)	経験がなかった（苦手な）仕事ができた	124
		新規事業や事務事業の改革、担当外の仕事に取り組んだ	95
		計画策定、新規事業に携わった	60
		対外的な仕事（交渉・調整・謝罪）を経験した	46
	仕事を覚える (128)	仕事（業務知識、スキルなど）を修得・活用したとき	100
		上司・先輩の指示でなく、自分で判断し行動できた	28
経験・状況 (628)	新たな視点の獲得 (306)	失敗、挫折、苦しい経験、問題の発見、新たな仕事観	103
		住民（団体）と直接接する仕事を経験した	101
		相手の理解、住民との協働など新たな視点を得た	46
		違う立場の相手（住民、職員）の意見を受け止められた	39
		他の部署、他団体の職員との仕事の経験	17
	仕事を任される (255)	仕事を任された（責任を持たされた）	186
		職場のリーダー的存在になった	39
		上司（同僚）の異動・休職などで仕事を代行（激増）	30
	目標・一体感 (67)	職場で一体となって仕事に取り組んだ	43
		明確な目標（関心）を持って仕事に取り組んだ	24
人事 (439)	昇任 (242)	昇任し新しい立場、部下を持つ（責任感）	187
		管理職として仕事をマネジメント（気配り）できた	55
	人事異動 (197)	人事異動で新しい仕事・人に出合った	183
		希望の職場（自分に合った仕事）へ異動になった	14
出会い・評価 (440)	人との出会い (229)	良い上司・先輩・仲間と仕事ができた	125
		いろんな人（上司・先輩・民間・異業種）との交流	40
		頑張っている職員、他団体の職員などから刺激を受けた	35
		ダメ・バカ上司と一緒に仕事をした経験（反面教師）	18
		厳しい上司と仕事をした	11
	周囲からの評価 (211)	住民に喜んでもらえた（認められた、納得してもらえた）	76
		上司（先輩・同僚）から認められた（ほめられた）	72
		他の職員から評価された（頼られた、相談された）	43
		上司・同僚・部下から信頼（期待）されていると感じた	20
研修・自学 (372)	指導する、される (135)	部下・後輩の指導、講師の経験	70
		上司・先輩からの指導・助言・叱責	65
	派遣・研修 (133)	派遣研修・長期研修や派遣（出向）の経験	116
		内部の集合研修や研究発表など	17
	自学・自己啓発 (104)	研究会への参加、自己啓発（学習）、先進自治体への視察	45
		資格の取得、技術の修得、通信教育	31
		仕事上の必要に迫られ勉強した	28
その他 (472)	家庭生活・人生経験・ 地域活動など (472)	家庭生活（結婚、子どもの誕生・成長、相続など）	213
		その他（就職、転職、民間経験、労働組合、地域活動、 ＰＴＡ活動、ボランティア、病気、失恋、旅）	259

（調査実施回数：23回　　回答者数：1,929名　　回答数：3,287　　2007.11～2014.11に調査）

任感)」(回答数187)と「新しい仕事・人に出合った」(回答数183)が回答のうちの多数を占めている。昇任や人事異動が職員の成長の契機となっていることも間違いのない事実だ。

「研修・自学」(回答数372)に分類される回答は全体の1割を少し超えた程度だが、「派遣研修・長期研修や外部団体への派遣(出向)の経験」(回答数116)は「その他」の回答を別にすれば全体で8番目の成長要因となっている。「内部の集合研修や研究発表など」(回答数17)とする回答はごくわずかで、「研究会への参加、自己啓発(学習)、先進自治体への視察」(回答数45)、「資格の取得、技術の修得、通信教育」(回答数31)、「仕事上の必要に迫られ勉強した」(回答数28)といった自主的な研究や学習の方が上回っている。

■職員は自分で育つ

この「自治体職員の成長要因調査」の結果からもわかるように、職員が職業人、社会人として成長するのは、主に仕事そのもの、仕事を通した経験、人との出会いといった要因によってである。

仕事のなかで得られた成功体験や達成感、自信、有能感、自律的な仕事、新たな視点が、職員を大きく成長させている。また、そこで接した人の仕事の姿勢や考え方、あるいは評価(認められる)といった周囲の人々から受ける様々な刺激も職員の成長を促すものとなっている。「昇任」「人事異動」といった回答も、内容として見れば新たな仕事、状況、人との出会いということになるだろう。

これらの要因をよく見てみると、ほとんどが偶然の要素が強いものばかりだ。要するに職員は、意図された職員研修などで育成されるのではなく、多くの場合偶然の仕事や人との出会いによって刺激を受け自分で成長している。自己学習、自己啓発を表す「自学」という言葉をもじるならば、職員の成長は「自育(自分で育つ)」によるものなのだ。

近年、キャリア論の分野では「計画的偶発性理論(Planed Happenstance Theory)」が注目を集め多くの研究者に影響を与えている。スタンフォード大

学のJ.D. クランボルツ教授の研究成果から生まれた理論で、「キャリアの80％は偶然の出来事によって左右されている。ただし、好ましい偶然に出合う人は普段から自らチャンスを求め積極的に行動している」というものだ。

確かに私たちの職業人としてのキャリアは、本人あるいは組織が意図したとおりに進んでいくことは稀である。多くの場合は偶然の出来事によって左右されるのが現実なのだ。また、その現実のなかで起こる偶発的な出来事をチャンスとして活かせるかどうかは、その人の行動次第だというのも事実だ。

職員の成長に関しても、このキャリア論の「計画的偶発性理論」の考え方が当てはまるのではないかと思う。「自治体職員の成長要因調査」の結果が示すように職員は意図して育てられるのではなく、多くは仕事や人との偶然の出会いによって自分で成長するものなのだ。職員の成長を考えるに際しても、このような考え方、視点を持つことが大切ではないだろうか。

■人材育成から自育支援へ

「職員の成長」について考えてきたが、これまでの話から私が最初に「数年前から人材育成という言葉にすごく違和感を持っている」と書いた理由がおわかりいただけたと思う。

それは「人材育成」という言葉が組織の視点、上から目線の言葉だからだ。「組織が職員を組織に役立つ人材となるように育成する」というニュアンスだからなのだ。主体が組織であり、職員は客体（対象）となってしまっている。客体とされるということは、受け身になるということを意味する。しかし、実際には職員は組織に育てられるわけではなく、自分の意思で自分の力で育っている。

業務知識・スキルの修得といった狭い意味での能力開発においても、その基本は「自学（自主学習）」だといわれる。本人が自発的・主体的に学ばなければ効果的な能力開発はできない。ましてや「本当にいい仕事ができる職員」に育ってもらうという広い意味での能力開発（プロの自治体職員、社会人、人間としての成長）を考えるには、「人材育成」という言葉は極めて不適切だ。能力開発、職員の成長を考えるとき、その主体は組織ではなく職員でなくてはならない。

繰り返しになるが職員は自分で育つというのが事実だ。そうならば、「人材育成」ではなく職員の「自育（自分で育つ）」を支援するという意味で「自育支援」（私の造語）という言葉を使うべきではないだろうか。それは言葉だけの問題でないことはもちろんだ。考え方そのものを「人材育成」から「自育支援」へと切り替えることが必要だ。（ただし、この本では「人材育成型の人事評価制度」という呼び方を使っている。なぜなら、「人材育成」という言葉が一般的であり、私自身もこれまで「人材育成」を使ってきたからだ。）

業務知識・スキルを修得させる「公務員養成」の時代はもう終わった。21世紀の自治体職員には、業務知識・スキルに加えてより高度な政策形成能力と行動力が求められる。そして、それらは決して上から目線の「人材育成」の発想で職員に修得させられるものではない。職員が仕事の実践のなかで主体的に考え行動して自分でつかみ取るもの、経験を通して身に付けていくものだ。それは「自育」によってしか獲得できない。

■能力開発の基本は「自学」

「人材育成」から「自育支援」へと能力開発の基本的な考え方、スタンスの転換が必要だということが理解いただけたと思う。では次に、具体的に能力開発のメカニズムと効果的な能力開発の条件について見ていくことにしよう。

次の２つのケースを読んで頭のなかに情景を思い描いてみていただきたい。

【ケース１】

あなたの職場では特にはっきりした目標もなく、毎日ただ仕事に追われている。在課３年になり現在の仕事にも慣れたあなたは、特に何かを学ばなくてはという必要性をほとんど感じていない。そんなときに、人事課から通知があったので仕方なく研修を受けることになった。

【ケース２】

職場で話し合って住民サービス向上のための新しい取り組みをしようということになり、あなたがそのリーダーになった。しかし、実際に取り組んでみる

と、いくつも課題があって進め方がわからない。近隣の自治体では、そのような取り組みはまだ全くなされていない。そんなときに、すばらしい取り組みをしている自治体があり、その担当職員による実践報告のセミナーが開催されることを知った。申し込んだら、幸いにも受講できることになった。

　どんな情景が浮かんだだろうか。おそらく【ケース1】ではあくびをしたり居眠りしたりしているあなたの姿。【ケース2】の場合は、目を輝かせて一言一句聴き逃すまいと懸命に話に聴き入っているあなたの姿ではないだろうか。どちらの方が学習の効果が高いかは言うまでもない。【ケース1】では、学習の効果がほとんど期待できないのに対し、【ケース2】では大きな効果があるに違いない。【ケース1】と【ケース2】の違いは、どこにあると考えられるだろうか。

　【ケース2】の場合を整理してみると、次の3つの条件が揃っていることがわかる。

　　①「意欲（モチベーション）」
　　　仕事にやりがいが感じられモチベーションが高くなっている。
　　②「気づき」
　　　必要なもの（知識・情報・ノウハウなど）があることに気づいた。
　　③「自発性」
　　　強制されるのではなく自ら求めて学ぼうとしている。

　この①意欲、②気づき、③自発性という3つの条件があり、動機づけられて「自学（自主学習・自己啓発）」するときに最も効果的な学習がなされ能力開発につながる。

　強制されて学習しても大きな効果は期待できない。**図表2**のように「①意欲」と「②気づき」から「③自発性」が生まれ、それが職員を「自学」に向かわせるのだ。能力開発の基本は「自学」だが、その出発点は①意欲、②気づき、③

序章　人材育成から自育支援へ

自発性なのだ。

　いま「自学」による能力開発ための条件とそのメカニズムを見た。しかし、これは1回（短期）の学習行動についてのことだ。本当に効果的な能力開発をするには、このような学習行動が継続されなければならない。

　そこで取り上げたいのが、この本のテーマである「人事評価」だ。上記の3つの条件に人事評価が加わると**図表3**のような効果的な能力開発の循環が生まれる。人事評価をうまく活用すれば、「①意欲」「②気づき」「④成長実感」を提供することができるからだ。特に「評価（承認）」によって得られる「④成長実感」は、次の学習への「①意欲」につながり学習の継続性を生む大きな条件となるので重要だ。ここに人事評価が果たす大きな役割がある。

■「強みを伸ばす」が能力開発のセオリー

　ここで能力開発の進め方についても考えておきたいと思う。「自学」するときに、どういう方向性で、どういう取り組みをすれば効果的な能力開発ができるかということだ。

　学生時代の勉強、習い事、クラブ活動や社会人になってからの仕事、趣味などの活動を振り返って考えてみてほしい。人は自分が得意とすることを学んだり練習したりすることは楽しく、すぐに身に付くものだ。だが、苦手なことは少々勉強、練習してもなかなか身に付かず効果も上がらない。このことからわかるように、効果的な能力開発をしようとするなら、まず「強みを伸ばす」ことに取り組むことだ。「強みを伸ばす」が能力開発のセオリーだといえる。

　ラグビーの名選手として伏見工業高校、同志社大学、神戸製鋼で活躍し、日

15

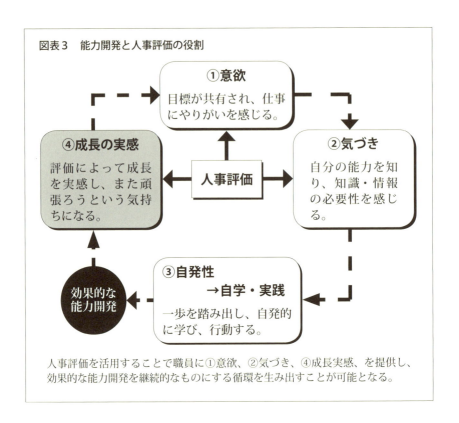

図表3　能力開発と人事評価の役割

人事評価を活用することで職員に①意欲、②気づき、④成長実感、を提供し、効果的な能力開発を継続的なものにする循環を生み出すことが可能となる。

　本代表チームの監督も務めた平尾誠二さんは、「弱みを克服するというのは、いわばマイナスをゼロにすることである。だから大変な労力と困難が伴うわりには、実りは少ない」「大切なのは自分の強みをいかに伸ばし、活かすかということなのだ」と著書『人は誰もがリーダーである』（PHP選書）で書いている。

　また、「マネジメントの父」と呼ばれるP.F.ドラッカーも著書『現代の経営』のなかで、「弱みそのものは、通常誰の目にも明らかである。しかし弱みにはいかなる意味もない。重要なことは、さらによりよく行い、さらにより多くを知り、さらに成長していきたいとう欲求である。それらの欲求が、より優れた、より強い、より成果をあげる人間をつくりあげる」と書いている。

　最も効率的・効果的な能力開発は強みをより伸ばすこと。「強みを伸ばす」

が能力開発のセオリーだといってよい。得意なことを伸ばして成長実感・自信を得ることができると、思考や行動が積極的になり能力開発の好循環が生まれる。

■思考・行動特性はアウトプットで強化する

　これまで能力開発というと、知識・スキルの修得を中心に考えられてきた。知識やスキルが業務を遂行するうえで必要なのは間違いない。しかし、知識・スキルを持っているだけでは何の意味もない。それらを活用して業務に取り組み行動することで初めて意味のあるものになる。

　例えば、窓口での接遇について考えてみてもらいたい。お辞儀の仕方や言葉づかい、説明の手順などを学んでマニュアルどおりにしても、それだけでは決して良い接遇とはいえない。良い接遇といえるには、相手が求めるものを感じ取り、相手のことを考えた対応をすることが求められるからだ。ホスピタリティー、おもてなしの精神で考え行動することが必要だといえる。

　政策形成能力などについても同じことがいえる。いくら研修やセミナーを受講し、多くの本や情報誌、資料を読んで知識や情報を得ても、それで政策がつくれるわけではない。水泳について書かれた本を読んでも、それだけでは泳げるようにはならないのと同じだ。実際に現場に足を運んで自分の目で見て、多くの人と語り合うなかで何が問題かを発見し解決策を考える。何度も試行錯誤を繰り返しながら理論と現実をつなげていき、人的なネットワークを構築して協働しなければ実効性のある政策はつくれない。

　現実と向き合ってどう考えるか、解決に向けてどう行動するかが重要なのだ。そのような思考や行動は実際に一歩を踏み出してやってみない限り決して身に付かない。仕事の実践のなかでしかレベルアップははかれないのだ。

　知識・スキルはインプット（学習・訓練）することで修得できるが、思考・行動特性はアウトプット（実践）することでしか強化できないということも能力開発のセオリーとして心に留めておいていただきたい。

■まとめ

　職員は組織によって育てられるのではなく、自分で育つものだということ。従って、「人材育成」から「自育支援」へ発想の転換が必要だということ。また、能力開発の基本は「自学（自主学習）」であり、①意欲、②気づき、③自主性の３つが職員を「自学」に向かわせる条件であること。人事評価をうまく活用すれば、これに「④成長実感」が加わり「自学」による能力開発の好循環が生まれること。「強みを伸ばす」が能力開発のセオリーであり、これからの自治体職員に求められる思考力・行動力はアウトプット（実践）することでしか強化できない、ということを見てきた。

　これらのことから言えることは、能力開発の主体は組織ではなく職員であるということだ。つまり、職員は「対象（客体）」ではなく「主役（主体）」なのだ。職員が対象（客体）として扱われている限り「自学」は生まれないし、自分で考え行動する職員に育つこともない。職員は自分で育っていくのだ。組織や上司の役割は、職員の「自育（自分で育つ）」のための環境をつくり支援することだといってよいだろう。

　ドラッカーも、「人的資源、すなわち人こそ企業に託されたもののうち、最も生産的でありながら最も変化しやすい資源である。そして、最も大きな潜在能力を持つ資源である」「人格をもつ存在としての人を利用できるのは本人だけである。これが人と他の資源との最大にして究極の相違である」と言っている。そのとおりだ。能力を開発し活用できるのは職員（本人）だけなのだ。

　以上のことを基礎（土台）にして、第１章以降でいよいよ「人事評価」という建物の建築工事に取り掛かることにしよう。

序章　人材育成から自育支援へ

【独り言】
　人は自分で成長するが、決して一人では成長できない。
　ちなみに大阪弁で言うと「自分一人で大きくなったような顔するんやない。みなさんに育ててもろうたちゅうことを忘れたらあかん！」となります。

【独り言】
　あの無農薬・無肥料栽培を成功させた「奇跡のリンゴ」の木村秋則さんは、自分のことを「職業リンゴ手伝い業」だと名乗る。その言葉は面白くて実に深みがある。「主人公はリンゴの木なの」「（私は）育てない、手助けするだけ」「いろんな雑草があるからバランスがとれる」「愛こそがすべて」「心がなければ、続かない」など。
　そうなんや、リンゴの木も育てられるのでなくて自分で育つんやから、人が自分で育つのは当たり前のことや。やっぱり自学・自育を基本にした職員が主役の人事評価制度で正解なんや。

19

第1章　自治体の人事評価の状況は

■よくある人事担当者との会話
　自治体の人事担当者に、「何のために人事評価を実施してるの？」と尋ねると・・・
　「それは職員の能力や業績をきちんと評価して、それに基づいて給料・手当を決定して公平な処遇を実現するためですよ。職員のなかにはがんばっている者もいるが、やる気がない者もいる。がんばってもがんばらなくても同じ給与というのでは、みんな馬鹿らしくなってがんばらなくなってしまうからです」といった教科書どおりの答えが返ってくることが多い。
　「いわゆるモラルハザードってやつね。確かにサボっている職員もごく一部にいるけど、ほとんどの職員は真面目にがんばって働いているように思うけどなあ。あなたは、どう？　これまで給与に差がなかったと思うけど、馬鹿らしくなって手を抜いて仕事してたの？」と、さらに尋ねてみると・・・
　「そんなことありませんけど。でも、信賞必罰で給与に差をつけないと職員のモチベーションは上がらないと思います」とこれまたどこかの本に書いてあるような模範解答。若くても古くさい固定観念にどっぷり浸かっている職員も結構いるのだ。
　「なるほど、〝がんばった者が報われる人事制度に〟をめざすってわけやね。それで、仮に給与で公正な処遇が実現できたら、ほんまに職員はやる気を出して能力もアップするかな？　人事評価を能力開発のためにどう活用してるの？」と問いかけると・・・
　「それは・・ですね。面談で所属長が評価結果を職員に開示して、指導することになっています。そのための評価者への面談やコーチングの研修も実施しています」とまたまたお決まりの回答だ。

そこで、「それで面談はきちんと実施されてるの？　アンケート調査はしているのかな？　面談の実施率はどれくらいだった？」と質問すると・・・
　「いやぁ！それは、調査はしていませんけど・・・規則やマニュアルで面談を実施すると定めていますので、たぶん各所属長は面談をしていると思います」とやや苦しい返答。
　さらに、「人事課は、どうだった？　あなたは面談で人事課長からきちんと評価結果をフィードバックしてもらったかな？　それで、あなたは能力開発しようという気持ちになった？　例えば、何か気づきというか能力開発の動機づけになるものがあったのかな？」と突っ込みを入れると・・・
　「いえ、それは・・・人事課は、その時期は忙しくて面談する時間の余裕もありませんし。それに、面談は希望者を対象に実施することになっていますので・・・」と、だんだん声が小さくなってきた。
　今度は少し方向を変えて「ところで考えてみると、人事評価って毎年実施する全職員を対象にした能力リサーチだといえるよね。もし、コンサルなんかに依頼して全職員の能力調査をしたら、組織の規模や職員数にもよるけど数百万円、うっかりすると数千万円かかる。それを全職員が時間と労力を費やして毎年やっているわけだ。そうだよね」
　「はい、そう言われると確かにそのとおりですね」と今度は一転して素直な答え。
　そこで、「そう考えると、評価結果は能力開発を進めるうえで価値のあるデータだよね。それを活用しないというのは、ほんまにもったいない話や。全体の評価結果を職員にフィードバックするとか、それに基づいて研修を企画して職員の能力開発を支援するとか、そんな活用はやってるの？」と問いかけると・・・
　「・・・・・・・」今度はハトが豆鉄砲をくらったような顔をして黙っている。

■自分の頭で考えろ！　作業でなく仕事をしろ！
　関西弁で少し言葉は汚くなるが「クソ真面目な人事担当者」と話すとこのような会話になることが実に多い、まったく困ったものだ。

「あんたら何のために人事という仕事をしているのか考えたことあるのか？
　どういう目的で人事評価に取り組んでいるのか？　もっと目の前の現実をしっかり見て、自分の頭で考えて、作業じゃなくて仕事をしろ！」と言いたくなる。

　国家公務員もそういう人事制度になっているので。首長からのトップダウンで市の方針だから。研究者やコンサルが書いた本を読んでもそう書いてあるので。情報誌にもそういう先進自治体の事例が紹介されているので・・・と言い訳するのだろうが、誰がどう言っているかなんてどうでもいい。自分のところの組織とその職員がどうなっているのか、どういう組織と職員集団にしていくのか、そのためにはどうしたらいいのか、を真剣に自分の頭で考えろということだ。

　いじわるな言い方で人事担当者だけを責めているようだが、実はそうではない。これは、自治体で働くすべての職員に向けて言いたいことなのだ。

　人事は組織で働く者すべての関心事だ。それによって全く異なる仕事をすることになる、生活が一変する、人生が変わってしまうことさえある。だから毎年の人事異動のたびに、職員の多くが一喜一憂する。昇格して張り切る者、新しい職場に不安を抱きつつもワクワクする者がいる一方で、「今年もまた異動できなかった」「異動になったが希望しない部署だった」とがっかりする人もいる。「あいつがどうして私より先に昇格するんだ」と不満を漏らす者もいる。そういう光景を目にして、あなたもきっと誰がどんな基準で人事をしているんだろうと考えたことがあるだろう。

　だがもう一歩進めてあなたの組織ではどのような組織・職員づくりをめざして、どんな人事政策がとられているのかを考えたことはあるだろうか。どのような理念、方針で人材マネジメント（古い言い方では「人事管理」となるが・・・）が行われているかを考えたことはあるだろうか。

■地方公務員法の改正で迫られる判断

　昨年（2014年）の4月25日に国会で地方公務員法の一部を改正する法案が

可決成立し、5月14日に公布された。この改正で、勤務評定が廃止され、自治体でも国と同様に人事評価を実施しなければならないことになった。

　もっとも旧来の勤務評定は半数にも満たない自治体でしか実施されておらず、しかも実施している団体でも運用が形骸化してほとんど機能していなかった（稲継裕昭著『プロ公務員を育てる人事戦略』によると、「‥昭和30年代の教員勤評闘争などの苦い経験もあり、勤務評定が導入されている自治体は長い間少数派であった。法律で規定されているにもかかわらず、運用実態を伴わない典型例が、この勤務評定であった」とされる）。

　従って、今回の改正で「人事評価」という人材マネジメントのための制度が新たに導入されることになったといってもいいだろう。総務省の「平成25年度勤務成績の評定の実施状況等調査結果」では、勤務成績の評定を実施している団体は、都道府県・指定都市では100％、市区町村では67.7％となっている。

　内容はよくわからないが、この「勤務成績の評定」を実施している団体数は、おそらく旧来の勤務評定と人事評価の両方を合わせたものだと思われる。古い勤務評定も残っているが、実態としては既にかなりの自治体で人事評価制度が導入されていると考えていいだろう（国家公務員の人事評価は2007年に法改正され、数年の試行を経て導入された。一方、自治体では2000年ごろから先進的に人事評価制度の開発・導入が進められてきた。人事評価に関しては自治体の方が国よりも10年近く先行しており、内容的にも優れたものが多い）。

　従って今回の地方公務員法の改正は、未導入の自治体に人事評価制度の導入を義務付けると同時に、既に導入している自治体には国と同様の運用を促すねらいがあるものと考えられる。ともかく数年後には、未実施のところも含めて全国の自治体で人事評価が実施される状況になっている。

　そこで考えなくてはならないのが、各自治体での人事評価のあり方だ。自治体の状況は千差万別だといえる。人口や地域性、財政状況も異なれば、組織の規模や文化、職員気質なども違う。だから国の人材マネジメントの仕方が、どの自治体にもそのまま当てはまるというものではない。どのような人材マネジメントをすれば職員力がアップし組織が活性化するのか。そのためには、どの

ような人事評価制度が必要なのか。それは、各自治体がそれぞれの組織の状況に合わせて独自に判断して決めるべきものだ。

では、自治体の人事評価のあり方について一緒に考えていくことにしよう。

■処遇管理型と人材育成型の２つのタイプ

先ほど話したように既に多くの自治体で人事評価制度が導入されているが、それらは大きく２つのタイプに分類できる（**図表４**）。

１つは、旧来の勤務評定と同じで処遇管理を目的とするもの。つまり、職員の勤務成績を評価して、評価結果を給料・手当の査定や昇任管理に使うことを目的としたものだ。行財政改革、公務員制度改革のなかで、その目玉として導入が進められた「新しい人事評価制度」（どこが新しいのか疑問だが・・・）は民間企業の成果主義をお手本にした給与に直結した「処遇管理型（20世紀型）」の制度となっている。国家公務員の人事評価制度は、まさにこのタイプだといえる。県や政令指定都市、中核市といった組織の規模が大きな自治体でこのタイプが多く導入されているが、今のところ給料・手当に直接反映させている自治体はさほど多くない状況である。

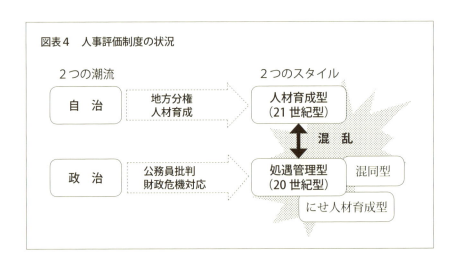

図表４　人事評価制度の状況

もう1つは、岸和田方式に代表される人材育成を目的とするもの。こちらは地方分権が進められるなかで生まれてきた職員の能力開発を目的にした人事評価制度だ。1997年12月に自治省（現在の総務省）が全国の自治体に向けて示した「地方自治・新時代における人材育成基本方針策定指針」を契機に多くの自治体が人材育成を進めるために人材育成基本方針を策定した。そして、その具体化として研修の改革や人事評価制度を導入する取り組みをスタートさせた。そのような一連の取り組みのなかで生まれたのが「人材育成型（21世紀型）」の人事評価制度だ。岸和田市が「人事評価は処遇管理のための制度である」というそれまでの常識を覆し、人材育成を目的にした新発想の制度を開発したことが全国的に話題になった。そして、この新しい考え方に共感する多くの自治体で「人材育成型（21世紀型）」の人事評価制度が導入されてきている。

　このように大きく2つのタイプに分類できるが、この章の冒頭で紹介した人事担当者との会話に表れているように、担当者の理解不足から2つのタイプが混同され一般の職員にとっては非常にわかりにくい状況になっている。

　なぜなら、「がんばった者が報われる信賞必罰の制度への改革」が目的だと明確に言う場合はいいのだが・・・「公平な処遇を実現するとともに人材の育成をはかる」と目的を2つ掲げる自治体が結構ある。処遇管理と人材育成の2兎を追うタイプだ。そして一番問題なのが「人材育成を目的にした評価制度」という看板を掲げておいて、実は給料・手当の査定を目的にした処遇管理型の制度を導入しているケースがあることだ。これは職員を欺く「詐欺行為」だ。

　はっきり言っておくが人事評価を処遇に直結させる成果主義的な制度、つまり評価結果を給料・手当の査定に使う制度は「人材育成型（21世紀型）」とは呼べない。制度の考え方が全く異なる正反対のものだからだ。考え方がどう違うのかは後ほど説明することとして、ここでは人事評価制度は大きく「処遇管理型（20世紀型）」と「人材育成型（21世紀型）」に分類できるということ。そして実際は2つを混ぜ合わせたような「混同型」、人材育成型を装う「にせ人材育成型」などもあるということを知っておいていただきたい（この2つも「処遇管理型（20世紀型）」だといえる）。

■まとめ

　2014年5月の地公法の一部改正によって、ほとんど実態のなかった勤務評定を廃止し代わって人事評価を実施することとなったため、全国の自治体は人事評価をどうするかの判断に迫られている。

　既に相当数の自治体で人事評価制度が導入されており、制度の内容は国よりも自治体の方が充実したものも多い。

　自治体の人事評価制度は、処遇管理（給与の査定）を目的とする「処遇管理型（20世紀型）」と職員の能力開発を目的とする「人材育成型（21世紀型）」の2つのタイプに分類できる。

　この2つのタイプの人事評価制度は、目的が異なることから制度運用の考え方も全く違っている。評価結果を直接的に処遇（給与）に反映させる制度は「人材育成型（21世紀型）」とはいえない。しかし、人事担当者の理解不足から両者を混同した「処遇管理と人材育成の2兎を追うタイプ」の制度も導入されていて、自治体現場は混乱した状況になっている。

【独り言】

　「人材育成型の人事評価制度を導入している自治体ってどのくらいありますか」とよく尋ねられる。直接に導入のお手伝いをしたり、研修のお手伝いをしている団体についてはわかるのだが、それ以外にどれくらいあるかは全く把握していない。というか、把握する方法がないのでわからない。もちろん総務省さんがそんな調査をするわけがないので、ほんとうに調べようがない。ただ、各地で開催される人事担当者を集めたセミナーや研修会で講演した後で名刺交換すると、「実は岸和田方式をパクらせてもらって昨年から試行しています」といった話がよく出てくる。私も、どれくらいの団体で人材育成型の人事評価制度が導入されているか知りたいと思っている。この本を読まれた方で「うちは人材育成型の人事評価制度を導入している」という方がおられたら、メールで是非お知らせください（Mail：jigakukobo@gmail.com）。

第2章　人事評価の目的とは

　ここでは、「木を見て森を見ず」にならないように、人材マネジメント（人事管理）と人事評価の目的について考えておきたい。人事評価制度のあり方を考えるうえで出発点となる視点だからだ。

■人事評価制度を考える視点
　そもそも行政組織における人材マネジメント（人事管理）の目的とは何だろうか。
　いうまでもなく行政の目的は「住民福祉の増進」であり、その実現に向けて人材（職員）を活用し組織力を高めることが人材マネジメントの目的だ。わかりやすく言い換えると、人材マネジメントの目的は「職員がいきいきと働き、その能力を最大限に発揮できるようにすること」であり、それによって「組織力の最大化をはかり、よりよい行政サービスを住民に提供すること」だといえる。では、その「組織力の最大化」をはかるためにはどうすればいいのだろう。
　組織力は、主に「職員力」と「マネジメント」という2つの要素によって決定されると考えられる（**図表5**）。1つは組織で働く一人ひとりの職員力がどうなのか、能力とモチベーションが高いか低いかということ。もう1つは、その職員をうまくマネジメントして職員力を結集し活用できているかということだ。
　職員採用に始まり、配置管理（人事異動）、昇格管理、給与管理、職員研修、福利厚生などの人事制度はすべて人材マネジメントのための手段だといえる。人事評価制度も人材マネジメントの手段の1つであることは言うまでもないが、それだけではない。人事評価制度は、この組織力を決定する「職員力」と「マネジメント」に直接かかわる重要な制度なのだ。

第 2 章　人事評価の目的とは

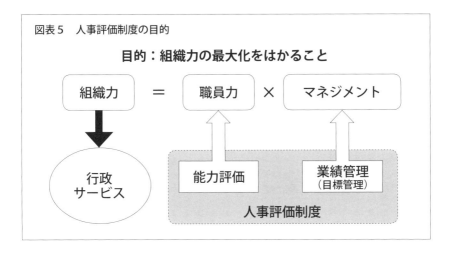

図表 5　人事評価制度の目的

　人事評価制度は一般に「能力評価」と「業績評価（目標管理）」とで構成されるが、この 2 つを使って組織力を向上させることができる。つまり、能力評価を活用して能力開発をはかり職員力をアップする。同時にドラッカーが提唱した目標管理というマネジメント手法による業績評価を使ってマネジメントを向上させるのだ。その結果として、組織力が高まり住民によりよい行政サービスを提供することができる（図表 5）。

　これこそが人材マネジメントの目的であり、人事評価の役割でもある。

　蛇足ながら付け加えると、既にかなりの自治体で人事評価制度が導入されており、そのほとんどが能力評価と業績評価の 2 つの評価制度で構成されている（図表 6）。自治体のスタンダードな人事評価制度の枠組みになっているといってよい。国家公務員の人事評価制度もそうであるし、今回の地方公務員法の改正で導入された「人事評価」も能力評価と業績評価の 2 つの評価制度で構成されている。

　しかし、国をはじめとする「処遇管理型（20 世紀型）」の人事評価制度では、職員力と組織マネジメントを向上するといった人材マネジメントの観点に乏しく、単に「信賞必罰」の処遇管理を実現することしか考えられていないといってよい。でも、それでいいのだろうか。「信賞必罰」「アメとムチ」で職員を厳

> **図表6　自治体の人事評価制度の主流スタイル** 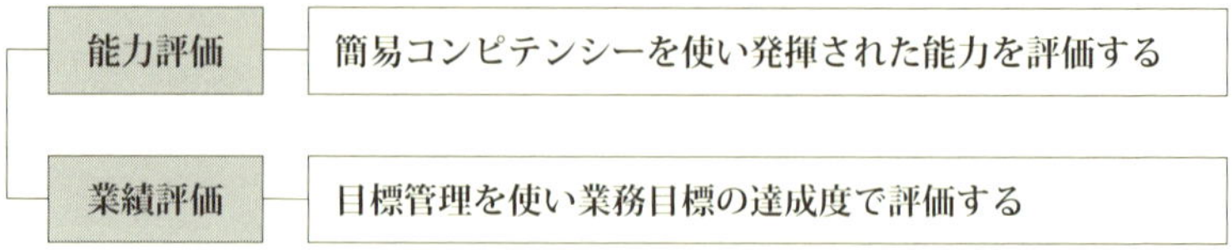
>
> - 能力評価 ── 簡易コンピテンシーを使い発揮された能力を評価する
> - 業績評価 ── 目標管理を使い業務目標の達成度で評価する
>
> 既に人事評価制度を導入している自治体では、能力評価の手法については岸和田市が開発した簡易コンピテンシー評価が主流となりつつある。また、業績評価の手法としては豊田市などが導入した目標管理による評価が主流となっている。地公法の改正内容も、能力評価と業績評価の二本立てで人事評価を実施するものとなっている。

しく管理することだけを目的にした人事評価制度に何の意味があるのだろうか。「信賞必罰」が職員にインセンティブを与えるというが、それで本当に職員のモチベーションと能力が向上するのだろうか。大いに疑問である。

■**職員力を向上させる能力評価**

　能力評価の目的・役割は職員力を向上させること、つまり能力開発への活用だ。ここでは「自学」と「気づき」の2つがキーワードとなる。

　能力開発の基本は「自学（自主学習）」だといわれている。強制されて学ぶのではなく、自主的に「自学」に取り組むことよってこそ効果的な能力開発がなされ職員力がアップするからだ。そして、職員を「自学」に向かわせるきっかけとなるのが「気づき」だといえるだろう。能力評価によって自分の能力（強み・弱み）を知ることで、能力開発の必要性と方向性を認識できるようになるからだ。

　ただ、「職員力」は能力だけで決まるのではないことに注意しなければならない。いくら能力があっても「やる気」がなければ、つまりモチベーションが低ければ職員力は低いということになるからだ。したがって、「モチベーション」をどのように高めるか、どう職員を動機づけるかも重要な課題だといえる。ここでのキーワードは、「内発的な動機づけ」だ。金銭報酬などによって外発的

に動機づけられるよりも、やりがい・成長実感・達成感といった心のなかで感じる喜びやそれらを強く実感させる他者からの評価（承認）による方が人はより強く動機づけられるからだ。

　以上を整理すると、能力開発の基本は「自学」であり、その出発点となるのが「気づき」である。そして職員が能力開発へ向けて一歩を踏み出すのを強く後押しするのが「内発的な動機づけ」だ。能力評価の役割は、この「気づき」と「内発的な動機づけ」を職員に提供することであり、それが能力開発のための活用のポイントである。これが人材育成型の人事評価制度の考え方だ。

　もうおわかりいただけたと思うが、ここが「処遇管理型（20世紀型）」と考え方が大きく異なるところだ。「処遇管理型（20世紀型）」の能力評価では、職員に「気づき」を提供することは全く考えられていない。運用上の関心はもっぱら「公平公正な評価」「客観的で納得性の高い評価」をすることだけに向けられている。なぜなら、評価結果を使って給料・手当を査定して「信賞必罰」の人事管理を行い、それによって職員に「外発的な動機づけ」を行うことを目的としているからだ。給料・手当の査定の正統性を職員に認めさせ納得させるには、嘘でも「公平公正な評価」だと言えなくてはならないのだ。

　要するに「公平公正に評価すること」が至上命題であり、それが自己目的化してしまっているのだ。だから導入後も、評価者（管理職）を対象に「ハロー効果や中心化傾向、寛大化傾向、対比誤差に注意しましょう」といった勤務評定時代と同じ「公正な評価の仕方研修」ばかり実施している。能力開発するのは一人ひとりの職員（被評価者）なのに、その能力開発の主役である一般職員にはほとんど研修を実施していない。そんな運用になってしまっているのが実態だ。

　人材育成型の能力評価では、できもしない「公平公正な評価」を目的にはしていない。そんな評価は現実には不可能であり、それよりも職員に能力開発の出発点となる「気づき」を提供することの方がはるかに重要であると考えるからだ。

　繰り返しになるが、能力開発の基本は「自学」であり、その出発点は「気づ

き」であること。能力評価の第一の役割は、その「気づき」を職員に提供することだということを心に刻んでおいていただきたい。

■マネジメントを高める業績評価（目標管理）

　業績評価（目標管理）の役割は組織マネジメントの向上をはかることだ。

　目標管理はP.F.ドラッカーが提唱したマネジメント手法であり、評価制度として運用する場合も本来の目標管理の役割である組織マネジメントのために活用することが必要となる。

　ここでのキーワードは、「目標の共有」と「コミュニケーション」の2つだ。職員が違った方向を向いてバラバラに仕事をしていては職員力を結集できない。目標管理では「目標連鎖」という言葉を使うが、要するに部長～課長～係長といった組織をマネジメントする職員（マネジャー）が業務目標を立て、それらが鎖のようにつながっている（相互に整合し同じ方向に向いている）ようにしなければならない。

　これを実現するには、一方的なトップダウンではなくボトムアップ＆ダウンの十分なコミュニケーションをはかり各自が自律的に目標を立てることが必要となる。また、その目標を組織内で共有し職員が協力し合うことが不可欠だ。

　目標管理が正しく運用され、組織内で「目標の共有」がなされてこそ職員は自分の仕事の意義と役割を認識でき「やりがい」や「一体感」を感じることができる。また、そのことで職員は内発的に動機づけられモチベーションも向上することになる。

　このように目標管理が正しく機能してこそ、その結果としての業績評価もはじめて意味のあるものとなる。

　ところが、ここでも「処遇管理型（20世紀型）」では運用が全く異なっている。能力評価の場合と同じように、業績評価の目的は勤勉手当を査定することだからだ。組織のマネジメントを向上させることよりも、個々の職員の業績を評価することが目的になってしまっている。上司がトップダウンで組織目標を示して部下に目標を立てさせて評価しても、それは民主的で効率的な行政運営には

程遠い「ノルマ管理」でしかない。そんなやり方では職員のモチベーションは上がらないしマネジメントも向上するはずがない。

「目標の共有」とは、単に組織目標が周知されているか、上司と部下の目標に整合性があるかというような問題ではない。目標を設定する段階で十分なコミュニケーションによるボトムアップがはかられ、そのうえで全職員の間で目標が共有されているかどうかが重要だ。目標管理の提唱者であるドラッカーは、目標が人を動機づけるのではなく自己管理が人を強く動機づけるのだと言っている。要するに、上から一方的に押し付けられた目標でやる気が出るわけがないのだ。強制されるのではなく自分で立てた目標だからやる気につながるということだ。

業績評価（目標管理）についても、「評価のための評価」にならないようにすること。組織マネジメントと職員のモチベーションの向上につながる運用をはかることが大切だ。

■まとめ

自治体における人材マネジメントの目的は「職員がいきいきと働き、その能力を最大限に発揮できるようにすること。それによって組織力の最大化をはかり、よりよい行政サービスを住民に提供すること」だといえる。

組織力は、主に「職員力」と「マネジメント」という２つの要素によって決定される。人事評価制度は、この組織力を決定する「職員力」と「マネジメント」に直接かかわる重要な制度だといえる。

人事評価制度は一般に「能力評価」と「業績評価（目標管理）」とで構成されるが、この２つを使って組織力を向上させることができる。

能力評価の目的は職員力を向上させることである。その役割は能力開発の基本である「自学（自己学習）」の出発点となる「気づき」を職員に提供することにある。また、業績評価（目標管理）の目的・役割は、組織マネジメントの向上をはかることにある。

能力評価も業績評価（目標管理）も目的と役割を明確にして職員のモチベーションの向上につながる運用を図ることが大切であり、決して「評価のための評価」にならないように注意しなければならない。

【独り言】
　「人事の仕事をするうえで一番大切なのは何ですか？」と尋ねられたことがある。
　一瞬考えて「人事は愛」と答えた。ええ格好言うわけでなく本気でそう思っている。職員を大切に思わない首長には誰もついて行かないように、職員への愛（大切に思う気持ち）のない人事マンは職員から信頼してもらえない。信頼がなかったら誰も協力してくれないし動いてはくれない。それで「ええ人材マネジメント」ができるわけがない。愛がなくて人にかかわる仕事ができるわけがない。人事マンにとって一番大切なのは愛があるかどうかやと思う。そう思いまへんか！

第3章 モチベーションの知識

　第3章〜第5章では、人事評価制度を正しく理解するために知っておきたい①モチベーション、②コンピテンシー、③目標管理の3つの項目についての基礎知識と考え方を紹介することにしたい。
　では、まずは「処遇管理型（20世紀型）」と「人材育成型（21世紀型）」の分岐点となるモチベーションについての基礎知識と考え方の紹介から始めることにしよう。

■「信賞必罰」はモチベーションを高めるのか？

　これまで組織運営については、「信賞必罰」の人事管理が最も有効であると考えられてきた。がんばって働いてよい成績をあげた者にはご褒美を、成績の悪い者には罰を与える。いわゆる「アメとムチ」によって人を管理して働かせようという考え方だ。
　この「信賞必罰」が有効だという考えの根拠になっているのが、1970年代にアメリカの経営学者が考えたモチベーションに関する「期待理論」という仮説。この期待理論によると、モチベーションの大きさは「報酬の魅力」と「目標の実現可能性」の2つの要素によって決まるとされる。つまり、努力すれば実現できる目標があり、達成できたときに魅力的な報酬（ご褒美）がある場合に人のモチベーションは最大になるとする（**図表7**）。
　この報酬（ご褒美）としては、いうまでもなく金銭報酬と地位報酬が主として使われてきた。人事評価で従業員の働きぶりを採点し、高い得点で「がんばっている」と評価された者にはご褒美として給料・ボーナスを増やす。反対に低い点数で「がんばっていない」と評価された者には罰として減らす給与制度だ。地位報酬を使う場合は、昇格あるいは降格といった形で人事に反映させること

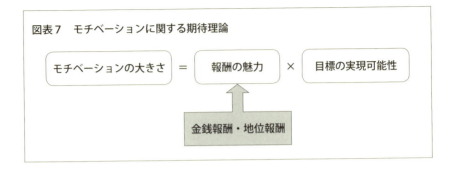

になる。

　いま百歩譲ってこのような人事管理が仮に有効なものだとしても、この動機づけシステムは既に破たんしている。確かに「期待理論」の考え方で金銭報酬や地位報酬を使って従業員のモチベーションを向上させられた時代が過去にはあった。それは昭和の高度経済成長期、日本経済が右肩上がりの成長を続け、どんどん利益が上がり従業員の給与原資も年々増え続けた時代だ。

　組織は上位２割が「よく働く人」、中間の６割は「ふつうに働く人」、下位２割は「働かない人」だとする「２：６：２の法則（働きアリの法則）」といわれる俗説がある。これに当てはめると高度経済成長期には、よく働く２割の人の給料・ボーナスを大きく増額し、ふつうに働く６割の人は少し増額し、働かない２割の人はそのまま据え置く、ということができた。これなら誰も給料・ボーナスが減るわけではないので、ほとんどの人々のモチベーションを上げることができたわけだ。

　だが、バブル経済崩壊後の長期経済不況、その後の低成長経済のなかで給与原資が頭打ちになる、あるいは減少する状況のなかで「信賞必罰」の給与制度を実現しようとすればどうなるか。方法としては仕事の「成果」で評価し２割：６割：２割を決定して給料・ボーナスを査定することになる。いわゆる「成果主義給与制度」といわれるものだ。給与原資はそのまま（あるいは減少）で上位２割を増やそうとすれば、どこかから給与原資を取って来ないといけない。下位の２割から取れればいいが、実際は「成績不良」と評価される人は２割も

いない。仕方なく中間の6割の額を少し下げるしかない（広く薄く取る）。それでも上位2割を大幅に増額できるわけでもない、ということになる。

こんなことをすればどうなるかは誰の目にも明らかだ。確かに上位2割のモチベーションは一時的に少し上がるかもしれない（しかし、毎年増額し続けないとモチベーションは下がってしまう）。一方、もともとモチベーションの低い下位の2割は別にしても、中間の6割のモチベーションは大きく低下する。たとえ給料月額が500円、1000円のわずかな減額であっても感情的には「これまでと同じようにがんばって働いているのに、どうして給料を減らされるんだ！」とういうことになる。しかも、自分の仕事や能力が組織から評価されないというショック、不満は長く心のなかで尾を引く。それが生身の人間の心理というものではないだろうか。

「がんばった者が報われる制度に」といった薄っぺらなスローガンのもとに人事評価を導入して評価結果を給料・手当に反映させる人事制度改革が一部の自治体で進められている。だが、これは上位の2割のことだけしか考えない人事管理だといえる。2割のモチベーションが一時的に上がっても、残りの6～8割のモチベーションが低下すれば全体としての組織力は確実にダウンするからだ。

「がんばっている者とそうでない者とがいるのに、同じ給料というのはおかしい」という個人的な不満を持つ者がいるのは確かだろう。だが、ごく一部の「がんばっていない人たち」と自分を比べてそう感じているだけではないだろうか。組織のなかで「がんばっている」と思っているのは上位2割の人だけではない。少なくとも中間の6割の多くの人たちも「がんばっている」と思って働いている。一部のモチベーションが仮に上がっても、全体の組織力が低下してしまったら何の意味もなくなる。人材マネジメントには組織（職員集団）が全体としてどうなるかという視点が欠かせない。

■コミュニケーション報酬を活用する

　以上、金銭報酬に焦点を当てて「信賞必罰」の人事管理がシステムとして既

に破綻していることを見てきたが、これは地位報酬の場合にも同じことがいえる。多くの自治体では統廃合による組織のスリム化が進められており、地位報酬で報いようとしても原資となるポスト数が減少しているからだ。金銭報酬も地位報酬も限りのある資源であり、「信賞必罰」の人事管理は小さくなった１つのパイを仲間うちで奪い合うようなものだといえる。誰かの取り分を大きくすると、他の人のパイの取り分は小さくなる。そんなことをすると、見苦しい足の引っ張り合いやズルなどが起こり組織内の人間関係、協力関係が壊れてしまう。

また、先の**図表７**の期待理論の式に当てはめてみても「報酬の魅力」が減少すれば「モチベーションの大きさ」が小さくなることは自明のことだ。現在の状況のなかで金銭報酬や地位報酬を使った「信賞必罰」の人事管理をするのは、組織にとってまさに自殺行為だといえるだろう。

このように「信賞必罰」の人事管理が行き詰まるなかで、いま民間企業では「コミュニケーション報酬」といわれる新たな形の報酬で従業員のモチベーションを高めようとする試みがなされている。それは、コミュニケーションつまり人間関係のなかで生み出される「評価（承認）」という報酬を使って職員と組織の活性化をはかろうとするものだ。例えば、古くからある社員表彰制度をリニューアルする、社員がゲーム感覚で相互に「感謝」のフィードバックをするといった取り組みなどが見られる。

日ごろの仕事を振り返って、どんなときに私たちのモチベーションが高くなるかを考えてみてほしい。それは、がんばって仕事をやり遂げたときに、上司や先輩から褒められる、同僚や仲間から認められる、あるいは住民に感謝され喜ばれたときなどではないだろうか。このような人間関係のなかでの「褒められる」「認められる」「感謝される」「喜ばれる」といった「評価（承認）」こそ、私たちのモチベーションを高める大きな要因だといえるのだ。しかも、このような「評価（承認）」報酬は原資を必要としない無限に生み出して活用できる報酬なのだ。

このような精神的な報酬を使った「信賞（必罰）」は、うまく運用すればモ

チベーションを向上させるのにたいへん有効だといえる。自治体でもコミュニケーション報酬を活用したモチベーション・アップの取り組みを考える必要がある。

■「信賞必罰」は迷信に過ぎない

　これまで主として金銭報酬に焦点を当てて「信賞必罰」の人事管理が仮にモチベーションを高めるのに有効だとしても、それは一部の人に一時的に有効なだけであること。他の多数の人のモチベーションは下がり、組織全体としてはマイナスになることを見てきた。しかし、実は経済状況の変化によってシステムとして機能しなくなっただけの問題ではない。

　現在ではこの「信賞必罰」の考え方のもととなっている「期待理論」そのものが科学的な根拠のない仮説に過ぎないこと。それどころか、「信賞必罰」「アメとムチ」は人のモチベーションを逆に低下させるだけでなく創造性をも阻害することが多くの心理学者、行動心理学者などの研究によって実証されている。「信賞必罰」は効果がないだけではなく有害なのだ。

　成果主義の給与制度は、まさに現代版の「信賞必罰」「アメとムチ」だといえる。その成果主義を導入した企業を調べると、金銭報酬がモチベーションや創造性だけでなく生産性も低下させること、目先の成果を求める思考・行動を誘発し組織内のコミュニケーションを崩壊させること、社員のごまかし・ズル・モラルに反する行動を助長することが明らかになってきている。

　そのことを実感する身近な出来事があったので紹介しよう。それは私の友人の話だ。彼はある大手メーカーで営業の仕事をしていた。彼の話によると成果主義が導入されると社内の雰囲気が一変したという。それまでは営業部内で得意先や商品に関する情報を共有し協力し合っていたのが、お互いに情報を提供しなくなりギスギスした雰囲気の職場になった。おまけに同僚のなかに平気でごまかし・ズルをする人が出てきた。例えば３月末の決算の売上で夏のボーナスが査定されるとすると、得意先を回って「今月は決算なので形だけ契約してください。４月になったらすぐにキャンセルしてもらって結構ですから。また

何かでお礼はさせていただきますので・・・」といって嘘の契約をとって売上を計上してボーナスを増やそうとする。そんな不正が平気で行われる職場になってしまったのだという。その結果、正義感の強い私の友人は、そんな職場が嫌になりやる気を失くして会社を辞めた。これは実際にあった話だ。これでは会社の業績が低下するばかりか、有能な人材が流出する、残った社員も精神的に疲弊し壊れていくことになる。

　これはほんの1例だが、成果主義の失敗は今日だれの目にも明らかな事実だ。それにもかかわらず経営者の多くはかたくなに「信賞必罰」の迷信を信じ続けている。いや経営者だけでなく行政や教育といった分野でも「信賞必罰」の迷信が根強く信仰されている。自治体でも人事評価の結果で給料・手当を査定する「信賞必罰」の給与制度を導入した団体があるが、その多くは制度運用が行き詰まり職員のモチベーションも大きく低下している。金銭報酬はインセンティブ（動機づけ）にならないばかりか職員と組織にとって有害であることはもはや明白な事実だ。もうそろそろ「信賞必罰」の迷信から脱却してもいいのではないだろうか。

　では、本当に職員のモチベーションを高めるにはどうすればよいのだろうか。金銭報酬を使った動機づけのように外から与えられるものではなく、私たちを内側から突き動かせる「内発的動機づけ」といわれるものを次に見てみることにする。

■**時代はモチベーション3.0ドライブへ**

　ここでモチベーションを考えるうえで多くのヒントが得られる本を紹介したい。ダニエル・ピンク著『モチベーション3.0　持続する「やる気」をいかに引き出すか』（2010年　講談社）という本で大前研一さんが訳している。ダニエル・ピンクは、クリントン政権下でアル・ゴア副大統領の首席スピーチライターを務め、その後フリーとなり国際ジャーナリスト、ベストセラー作家として活躍している人だ。

　彼は、この本の執筆にあたってウィスコンシン大学心理学教授のハリー・ハー

ロウが 1949 年におこなった「アカゲザルを用いた学習に関する実験」をはじめ、行動心理学者エドワード・デシの有名な「ソーマキューブ（立体パズル）を用いた実験」とその後のリチャード・ライアンとの「自己決定論」の共同研究、ポジティブ心理学で有名なミハイ・チクセントミハイの「フロー理論」の研究、ハーバード・ビジネススクールのテレサ・アマビルの創造性と内発的動機づけに関する研究、さらには経済学者のユリ・グニーズィとアルド・ラスティチーニが 2000 年に保育所で行った罰金と保護者の行動変化に関する調査、ロンドンスクール・オブ・エコノミクスの学者が 2009 年に 51 社の成果主義の給与体系を分析した調査結果など、過去から現在までのモチベーションに関する主要な研究や調査結果を幅広く調べている。また、エドワード・デシ、リチャード・ライアン、ミハイ・チクセントミハイといった研究者に直接会ってインタビュー取材もしている。

　彼はこれらの調査やインタビュー取材をもとにモチベーションについて考察し、人を行動に駆り立てるもの（動機づけ要因）には下記の3種類があるとする。

モチベーション 1.0：生存欲求（食欲・性欲といった生きるための欲求）による動機づけ
モチベーション 2.0：金銭（物質）的欲求による「外発的動機づけ」
モチベーション 3.0：精神的欲求（やりがい、成長感など）による「内発的動機づけ」

　このようにモチベーション（動機づけ要因）を整理したうえで、20 世紀の工業化社会ではモチベーション 2.0 が有効に機能したが、単純労働が減少し知的労働の割合が増加した 21 世紀では機能しなくなっているとする。
　次に彼が取り上げるのがモチベーション研究の新しい流れであるエドワード・デシとリチャード・ライアンによる「自己決定論」。この自己決定論の考え方は、人には生まれつき有能感（能力を発揮したい）、自律性（自分でやりたい）、関係性（人々と関係を持ちたい）という心理的要求が備わっている。この要求が

満たされているとき、私たちは動機づけられ生産的になり幸福を感じる。反対にこの要求が満たされないと、人のモチベーションや生産性・幸福感は急落する、というものだ。

このような考え方をベースにこれからは金銭や地位といった報酬を使った「外発的な動機づけ」ではなく、有能感・自律性・関係性といった心理的要求を満たす「内発的な動機づけ」が有効であり、仕事における自主性・やりがい・目的をキーワードとした取り組みが必要であるとしている。

この本の内容はスーッと心に入ってきて、思わず「なるほど！」と唸った。なぜなら、仕事をするなかでどんなときにモチベーションが高くなるかを振り返ったときの「実感」と一致するからだ。私たちはただ命令・指示されたとおりにするのでなく、仕事を任され創意工夫しながら取り組むときに自分の能力が発揮されていると感じたり仕事の面白さ・楽しさを感じたりする。また、目的が明確で価値のある仕事だと思えたときにやりがいを感じる。そして、いろいろな困難や苦しさを乗り越えてやり遂げたときに達成感・充実感・成長実感などを得ることができるのだ。

私たちの働くモチベーションの源泉となっているのは、このような心の内側からの動機づけであることは間違いない。ダニエル・ピンクは「21世紀はモチベーション3.0ドライブ（内発的動機づけ）の時代だ」と言っているが、そのとおりだと思う。

■「承認欲求」にも注目

最後に内発的な動機づけに関連して「承認欲求」に注目し、その活用について考えてみたい。

モチベーションの話になると必ず登場するのがアメリカの心理学者A・マズローの欲求5段階説だ。人間の欲求を下から順に①生理的欲求→②安全の欲求→③社会的欲求→④承認の欲求→⑤自己実現の欲求の5つの階層に分類したうえで、「人間は下位の欲求が満たされると、より上位の欲求を満たすための行動をとる」というもので、モチベーション理論の代表的なモデルになっている

ものだ（図表8）。

同志社大学政策学部の太田肇教授は、これまでの経営学や組織論、人事・労務管理論（マネジメント論）の世界では、お金のために働く〈経済人〉仮説、人間関係に強く動機づけられる〈社会人〉仮説、やりがいや成長を求める〈自己実現人〉仮説といった人間観を前提にしており、それらはマズローのモデルの「①生理的欲求」〜「③社会的欲求」と「⑤自己実現欲求」に対応しているが「④承認の欲求」がすっぽりと抜け落ちていると指摘する。

また、太田教授は「承認」はそれを得ること自体が「④承認欲求」にもとづくものだが、他の欲求を充足させ目的を達成させるための手段ともなるとする。つまり、「承認」によって「⑤自己実現欲求」の充足感がより強められるということだ。例えば次のような場面を思い浮かべてみるとよくわかる。

太郎くんという算数が苦手な小学生がいて、いつも学校のテストは60点くらい。そんな太郎くんが、ふとしたきっかけからやる気になり夏休みにがんばって算数を勉強した。その結果、2学期になって算数のテストで90点をとったとする。

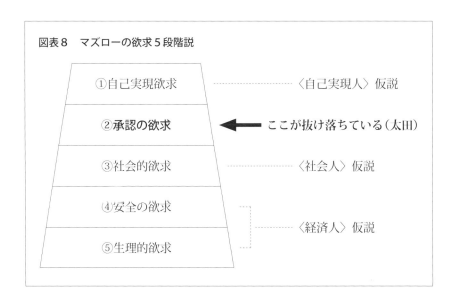

図表8　マズローの欲求5段階説

太郎くんは、「やったー！」と達成感、成長実感を味わう。だが、そのとき先生から黙ってテストを返され、家に帰ってお父さんやお母さんに返されたテストを見せても何も言われなかったらどうだろう。おそらくちょっとした自己満足だけで終わってしまうではないだろうか。

　そうではなく、テストを返されるときに先生から「太郎くん、すごくがんばったね！」と言われ、周りの友達からも「太郎、おまえすごいなあ！」と言われる。そして家に帰ってテストを見せたらお父さん、お母さんから「太郎、夏休みに頑張った結果が出てよかったね。えらいぞ！」と褒められたとしたらどうだろう。先生や友達、両親から認められる、つまり「承認」によって太郎くんが味わう達成感、成長実感は何倍も大きいものとなる。きっと太郎くんは「次も頑張ろう」という気持ちになるのではないだろうか。

　このように「承認」つまり自分の周りの人たちに認められたいという欲求は、それ自体が1つの動機になるとともに、達成感や成長実感といった「自己実現欲求」をより強く実感させる役割も果たしているといえる。

　太田教授はこのような「承認欲求」に着目して調査・研究した結果から、特に日本では多くの人が「出る杭」を打つ閉鎖的な組織風土のなかで自分の実力・個性を周りから認めてもらえず、しかし「認めて欲しい」と口に出して言えずに悶々としていると分析する。そして、この抑圧されてきた大きなエネルギーを秘めた「承認欲求」を解放し表舞台に出すことで働く人々のモチベーションを高め、組織を活性化できると主張する。

　また、自治体職員のモチベーションについて次のように考察している。公務員はよい意味でも悪い意味でもプライドに支えられている。「自分は行政のプロだ」「この仕事はだれにも負けない」というプライドが仕事への意欲と責任感を支えている。また「仕事ぶりを認められたい」「サービスに感謝して欲しい」という承認欲求も大きな源泉である。つまり、公務員のモチベーションは、プライド・感謝への期待といった受け身で抽象的な承認欲求に支えられている、というものだ。

　この太田教授の考察は、自治体の現場で長年働いてきた私自身の経験にぴっ

たり当てはまる。また、一緒に仕事をした同僚や全国の自治体で活躍する友人たちの姿に照らし合わせても実に納得できるものだ。

■「内発的動機づけ」と「承認欲求」の活用

このように「承認欲求（認めて欲しいという気持ち）」はそれ自体が強い動機づけであるだけでなく、「自己実現欲求」といった内発的な動機づけを強める働きを持っていることがわかる。太田教授が言うように、これまで見落としていた「承認欲求」の活用をもっと考える必要があるのではないだろうか。

私たちは、周りの人たちから「承認」される。つまり、褒められたり、認められたり、評価されたりすると素直にうれしいと感じる。そうされたいという「承認欲求」が心のうちに確かに存在している。反対にいくらがんばっても周りの誰からも認められない環境だったら、きっと「やる気」が起こらないだろう。大きな仕事や難しい仕事をやり遂げたときに誰からも認められ評価されることがなかったら、仕事の達成、自己の成長を実感できず私たちの心は十分に満たされない。

「承認」や「評価」は、心理学では外発的な要因に分類される。しかし見てきたように、外発的な要因であっても「承認」や「評価」といった精神的な報酬は、それ自体が強い動機づけとなる。また、社会（組織）貢献、仕事の達成感、自己成長実感などといった内発的な動機づけ要因とも深く結びついていて、それらをより強く実感させる役割があることがわかる。この「承認」のパワーをうまく活用できれば、働く人々のモチベーションを高め、組織を活性化することができるだろう。

話は変わるが、あなたは「人事評価」という言葉にプラスイメージを持っているだろうか、それともマイナスのイメージだろうか。

おそらく多くの人がマイナスのイメージを持っているのではないだろうか。なぜなら、人事評価には給与査定など処遇管理を目的とした制度だという従来からのイメージがあるからだ。だが、「人事評価」の「人事」の2文字を取って、私たちが日常生活のなかで「評価」という言葉をどのように使っているか考え

てみていただきたい。

　例えば、私たちは「○○さんの活動は地域の人々から評価されている」「○○さんの作品は海外の専門家からの評価も得ている」といった使い方をよくする。そう、このように私たちが日常会話のなかで使う「評価」は通常は「他者から認められる」というプラスイメージなのだ。

　人事評価の「評価」を、そのようなプラスイメージの「評価」にできないだろうか。そういう制度づくりができれば、人事評価は間違いなく組織で働く人にとって強い動機づけとなるはずだ。給料・手当の査定を目的に評価するのではなく、能力開発の出発点となる「気づき」を提供するためにその人の強み、よいところを発見して認める。人事評価をそのように変えられたら、「承認」を活用した強い動機づけができ人材育成と組織の活性化につながるに違いない。それを実行しようとするのが「人材育成型（21世紀型）」の人事評価制度だと考えている。

■まとめ

　これまで組織運営について「信賞必罰（アメとムチ）」の人事管理が最も有効であると考えられてきた。しかし、金銭報酬・地位報酬を使った「信賞必罰」の人事管理はシステムとして既に破綻している。また、「信賞必罰」は人のモチベーションを逆に低下させ創造性をも阻害することが多くの研究によって実証されている。日本企業の成果主義の失敗は、そのことを何より雄弁に物語っている。

　ただし、「評価」「承認」といった精神的な報酬を使った「信賞（必罰）」は、うまく運用すればモチベーションを向上させるのにたいへん有効だといえる。

　20世紀の工業化社会では金銭報酬などによる「外発的な動機づけ」が有効に機能したが、単純労働が減少し知的労働の割合が増加した21世紀ではもはや機能しなくなっている。

　21世紀の現代では精神的な欲求（仕事の面白さ・やりがい・達成感・充実感・成長実感などを得ること）に注目した「内発的な動機づけ」でないと働くモチベー

ションの向上につながらない。

今後は「内発的な動機づけ」「コミュニケーション（評価・承認）報酬」を活用したモチベーション・アップの取り組みを考える必要がある。「人材育成型（21世紀型）」の人事評価制度は、「評価」「承認」を活用して職員を動機づけ人材育成（能力開発）と組織の活性化をはかることを目的としている。

【独り言】

　価値観は人それぞれに違う。いい仕事がしたい、成長したい、人に喜んでもらいたい、褒められたい、認めてもらいたいと思う人もいれば、なかにはお金がもっと欲しいという人もいるだろう。人を動機づけるものは人それぞれだ。だが、私はお金で動機づけられるという人を信用しないし、そんな人にいい仕事ができるとも思わない。

　ほんまにかんばってる人は、これまで給与に差がなくてもずっとがんばってきた人なんや。「俺の方ががんばってるのに、あいつと同じやて不公平や」なんてケチ臭いことを言うたりはせん。がんばってる人に報いる方法は、お金やない。その人の仕事をきちんと評価すること。その人がもっと力を発揮できる環境とチャンスを提供することやと思う。

【独り言】

　先日あるテレビ番組で脳科学者の中野信子さんが次のような話をしていた。

　マウスを使った迷路実験で、迷路の最後の角を右へ行くと餌（アメ）に辿り着き、左へ行くと電気ショック（ムチ）を受けるようにしておくとする。マウスを迷路に入れて餌を得られることもあるが電気ショックを受けることもあるという経験を数回させ、次に迷路の入り口に置かれたマウスはどうなるか？

　マウスは全く動かないのだという。電気ショック（ムチ）をなくして餌（アメ）だけで同じ実験をすると、マウスは学習して餌への道をすぐに覚え迷わず右へ進むそうだ。つまり「ムチはなしでアメだけ」が一番効果的な学習方法であり、人に応用するなら「うまくいったら褒める、失敗したら黙っている」つまり「アメとムシ（無視）」がいいのだそうだ。

　それにしても失敗したくないから動かないやなんて、まるでどこかの公務員みたいなマウスやな！

第4章　コンピテンシーの知識

　自治体の人事評価制度の能力評価については、「簡易コンピテンシー評価」という手法が一般的になってきている。この簡易コンピテンシー評価は、岸和田市が人材育成のための能力評価手法として開発したものだが、評価方法が簡単でわかりやすく使いやすいことから急速に全国の自治体に広まったからだ。
　このように広がりをみせる簡易コンピテンシー評価だが、残念なことにコンピテンシーを十分に理解せずにうわべの形を真似ただけで正しく使われていないケースが多い。そのような間違った理解、使い方がなされないように、コンピテンシーの知識についてお話しておきたい。

■コンピテンシーの誕生
　コンピテンシーは、1970年代にハーバード大学の行動心理学者デビッド.C.マクレランド教授がアメリカ国務省から委託されて行った調査研究から生まれ、それがビジネスに広く活用されるようになったものだといわれている。
　アメリカ国務省では毎年、一流大学を卒業し採用試験で高い得点をとった人が職員として採用されてくる。しかし、職場に配属すると、たいへん優秀な人もいれば、まったく使いものにならないという人もいる。要するに採用に当たりはずれがあるのだ。そこで、国務省ではマクレランド教授に依頼して採用方法を見直すことにしたというわけだ。
　能力といえば従来はペーパーテストで測定される「ＩＱ（知能指数）」が重視されていた。国務省でも、経済学、行政学、国際関係といった知識を重視した採用試験を行っていた。しかし、行動心理学者であるマクレランド教授は仕事ができる人とできない人の行動を観察して、そこに違いがあることを発見した。そして、仕事をするうえで重要なのは、「ＩＱ（知能指数）」で表される知能で

はなくて、「EQ（こころの知能指数）」といわれる相手の気持ちを理解し自分の気持ちをうまく表現する能力、つらいことがあっても自分を励まし最後までやりぬく心の強さなどであることがわかってきたのである。しかも、日常の生活や仕事のなかで、そのような能力を実際の行動として発揮できるかどうかも重要となる。こうして発見された「仕事ができる人の行動特性」が、コンピテンシーといわれるものだ。

1990年代の初めにアメリカのビジネス界で急速に広まったコンピテンシー評価は、1990年代後半には日本企業でも導入されるようになりブームとなった。1997年に武田薬品工業が最初に導入し、その後富士ゼロックス、ソニー、東京電力が導入。2000年に入るとユニ・チャーム、日立製作所、アサヒビール、JTB、味の素などが続き、先進的な大企業を中心に導入されてきている。

■コンピテンシーとは・・・

コンピテンシーは、一般に「高い成果を生み出すために、行動として安定的に発揮されるべき能力」と定義される。もう少し簡単に「成果を生み出すのに必要な具体的な行動（発揮された能力）」とか「高業績者の行動特性」と定義されることもある。私は「いい仕事をするために必要な行動」と理解している。

コンピテンシー（Competency）は英語の「能力」という意味の単語。だが、私たちが高校などで習って馴染みがあるのは「Ability」あるいは「Capability」という単語ではなかっただろうか。いずれも日本語では「能力」と訳されるが、「Ability」や「Capability」が潜在的なものも含めた保有能力という意味であるのに対して、「Competency」は外に見える形となって現われた能力といったニュアンスで使われるようだ。

従来の能力評価では潜在的なものも含めた「保有能力」を対象としていたが、コンピテンシー評価では実際に行動として観察される「発揮能力」が対象となる。そういう意味では、コンピテンシー評価は「能力」の評価というよりも「行動」の評価であると言った方が正しいかもしれない。

先ほど行動心理学者のマクレランド教授の調査研究でEQ（こころの知能指

数）といわれる能力が仕事をするうえで重要であることが明らかになり、そのことからコンピテンシーが生まれたという話をした。そのＥＱ（Emotional Intelligence Quotient の略）は1990年にエール大学のピーター・サロベイ博士とニューハンプシャー大学のジョン・メイヤー教授によって提唱されたものだといわれている。ＥＱ（こころの知能指数）はひとことでいうと「感情を上手に管理し、活用する能力」で、次の５つが特に重要であると考えられている。

①自己認識力
　自分の感情や周りの状況（場の空気）を認識する力
②感情コントロール
　自分の感情をある程度コントロールしたり、自分を動機づけたりする力
③目標達成力
　目標を達成するために必要な集中力や精神的なタフネス
④共感力
　相手の感情を感じ取って理解し、相手の感情の変化を予測する力
⑤対人関係力
　他者とうまく感情を交流させるコミュニケーション能力

　コンピテンシーは、このようなＥＱ（こころの知能指数）に注目して「仕事上で成果に結びつく行動」を整理したものだと考えていいだろう。
　マクレランド教授の研究以後いろいろな研究が行われ、現在ではコンサルティング会社が20項目程度に整理したコンピテンシーが広く使われている。リーダーシップ、育成力、顧客志向性、分析思考力、柔軟性、情報志向性、関係構築力、セルフコントロール、対人理解力などの項目で、各部門・職階の職務分析を行い「コンピテンシー辞書」と呼ばれる各項目の詳細な評価基準書を作成するのが一般的となっている。

■コンピテンシーはどう使われているのか

　株式会社リクルートのワークス研究所が2003年に発刊した『Works No.57』の「特集　コンピテンシーとは、何だったのか」でコンピテンシーがアメリカと日本の企業でどのように使われているのかが紹介されている。その内容を私の解釈も加えた要約で紹介しよう。

・・・・・・・・・・・・・・・・・・・・・・・・・・

　1993年にスペンサー夫妻の著書『Competency at work』が出版された。これはマクレランド教授に始まり20年にわたるコンピテンシー研究の集大成といえるもので、これをきっかけにアメリカではコンピテンシーの一大ブームが起きた。このブームの背景には公民権運動というアメリカ独自の社会的背景も影響している。当時のアメリカ企業では人種・性・年齢など俗人的要素を排除するため、明確な職務の内容・範囲と成果の基準を定めた「職務定義書」に基づき採用・配置・評価・報酬を決定する「職務主義」の人事制度が一般的だった。しかし、固定的な基準は変化の激しい時代に合わないものとなっていた。そこに新しく基準となるコンピテンシーが登場してきたので、多くの企業が飛びついたという状況だった。

　しかし、他の研究者による批判やコンピテンシー活用の実情報告書などが出されたことで、このコンピテンシーブームは一気に終息する。

　一方、日本ではアメリカでのブームが終わろうとする1990年代後半になってようやくコンピテンシーが注目されるようになり、その後急速に広まることになった。その背景にはやはりアメリカと似たような状況がある。日本の企業では1980年代に「年功給」から職能資格制度による「能力給」へ移行していた。しかし、この職能資格制度が年功的な運用に陥り人件費が増大していたところにバブル経済が崩壊し、新たな人事給与制度への抜本的な改編が急務となっていた。

　アメリカと日本のコンピテンシーブームは似ているようだが、導入の理由はかなり異なっている。アメリカでは職務定義書に基づく採用・配置の行き詰まりがコンピテンシー導入の主な理由だった。それに対して、日本の場合は職能

資格制度による人件費の増加が主な理由だと考えられる。アメリカでは「採用・配置の問題」が理由であり、日本では「評価・報酬の問題」が理由だという事情の違いがある。

次に導入後の活用状況だが、2002年にウィリアム・マーサ社が行った米国報酬計画調査では、「コンピテンシーを評価には35％の企業が利用しているが、賃金制度には17％しか利用していない」という結果になっている（賃金制度に利用しているのは全体の約6％に過ぎない）。日本企業の利用については2003年にワークス研究所が514社を対象に「コンピテンシーの活用に関する企業アンケート調査」を実施しており。それによると、採用と評価には30％程度の企業が活用しているが、報酬（賃金決定）には20％程度の企業しか使っていないという結果となっている。

・・・・・・・・・・・・・・・・・・・・・・・・・・・・・

以上、『Works No.57』の特集をもとにアメリカと日本でのコンピテンシー導入と活用状況を概観した。日本では「評価・報酬の問題」に対応するため2000年以降急速にコンピテンシーが導入されたが、実はそれよりも大きな人事給与制度の改編が同時に起きていた。そう、「成果主義」の人事給与制度への移行だ。

コンピテンシーも一部の企業で導入されたが、目標管理による成果主義の人事給与制度への改編の方が主流だった。しかし、数年後には「成果主義の失敗」が明らかになり、多くの企業はその修正に取り組むとになる。成果に偏りすぎた目標管理による評価をコンピテンシー評価やプロセス評価で補完・修正しようということで、いま再びコンピテンシーが注目される状況となっている。

以上がコンピテンシーの活用状況だが、ここで覚えておいてほしいポイントは次のことだ。コンピテンシーが生まれた本場のアメリカでは、コンピテンシーは「採用」や「評価（配置のための）」、「能力開発」の場面で活用されているが、「報酬（賃金決定）」にはほとんど使われていないということ。また、日本の企業でも同様の状況があり、「報酬（賃金決定）」に使われる場合も脱成果主義や成果主義の修正目的で使われているということだ。

コンピテンシーは、基本的に採用・評価（配置のための）・能力開発のためのツールであって、報酬（賃金決定）のためのツールではないことを覚えておいていただきたい。

■まとめ
　コンピテンシーは、「IQ（知能指数）」ではなく、「EQ（こころの知能指数）」に注目して「仕事上で成果に結びつく行動」を整理したもの。1990年代初めにアメリカのビジネス界で新しい能力評価の手法として広まり、2000年以降に日本企業でも導入が進んだ。

　アメリカでは、コンピテンシーは「採用」や「評価（配置のための）」、「能力開発」に活用されているが、「報酬（賃金決定）」にはほとんど使われていない。日本でも「報酬（賃金決定）」にコンピテンシーを使う企業は多くない。コンピテンシーは、基本的に採用・評価（配置のための）・能力開発のためのツールであって、報酬（賃金決定）のためのツールではない。

第5章　目標管理の知識

　基礎知識の最後に取り上げるのは、みなさんに最も馴染みの薄いだろうと思われる「目標管理」だ。この目標管理は半世紀以上の歴史を持つ組織経営の手法なのだが、これまで自治体職員の間ではほとんど知られていなかった。10年余り前に人事評価の手法として使われ始めてから、ようやく人事担当者の間で知られるようになった程度だ。それでは、目標管理についても歴史的な経過から見ていくことにしよう。

■ＭＢＯブームと『もしドラ』ブーム
　業績評価の手法としては目標管理が一般的に使われている。しかし、この目標管理はもともと評価方法として開発されたものではない。目標管理は、「マネジメントの父」と呼ばれるP.F.ドラッカーが1954年に書いた『現代の経営』のなかで提唱したマネジメントの手法で、その「Management by Objectives and Self-control」の頭文字をとって「ＭＢＯ」と略して呼ばれる、とされる。
　ＭＢＯは日本では昭和40年代に多くの企業でマネジメントの手法として導入され「第１次ＭＢＯブーム」が起こった。しかし昭和50年代に入るとブームは去り「ＴＱＣ（Total Quality Control）＝全社的経営品質向上活動」に取って代わられた。そのＴＱＣも50年代の後半になると急速に衰退し、60年代に入ると再びＭＢＯへ回帰して「第２次ＭＢＯブーム」が到来する。そして、人事制度が能力主義から成果主義へ移行するなかで、マネジメント手法としてだけでなく人事評価の手法としても使われるようになってきたという歴史がある、とされる。（五十嵐英憲著『新版　目標管理の本質』2003年　ダイヤモンド社）
　話は変わるが2009年12月に岩崎夏海著『もし高校野球の女子マネジャーがドラッカーの「マネジメント」を読んだら』（以下『もしドラ』）が出版された。

累計273万部（2014年11月現在）を売り上げるベストセラーになっただけでなく、アニメ化、映画化されたこともあってビジネスマンや学生の間で「もしドラブーム」「ドラッカーブーム」と呼ばれる社会現象が起きた。みなさんのなかにもドラッカーの名前をこの『もしドラ』を通じて知ったという方も多いのではないだろうか。私も人事評価制度を開発するなかで目標管理（MBO）に出合い実際に運用していたのだが、恥ずかしながらドラッカーについては目標管理の提唱者として名前を知っている程度だった。

　この『もしドラ』をきっかけにドラッカーに興味を持ち、初めてその著書の『現代の経営』や『マネジメント』を読んでみた。そして、もう一度『もしドラ』を読み返してみた。そこで気づいたのはストーリーが感動的なのは言うまでもないが、著者の岩崎さんが本当に深くドラッカーを理解したうえで書いていることだ。それは、一般的に使われる「目標管理」という訳ではなく、「自己目標管理」という正確な訳を使っていることからもわかる。また、その「自己目標管理」が野球部の練習方法の変革に取り組む場面でみごとに表現されている。まず、変わりばえのしない単調な練習をやめて、部員を3つのチームに分ける「チーム制練習」を導入する。そのうえで部員たちに各自で練習方法を決めさせ自分で管理させるようにしたのだ。すると「自己管理」の効果は絶大で、それまで練習をサボっていた部員たちに変化が現れる。部員たちは練習をサボらなくなり、真剣に取り組むようになる。こうして部員がレベルアップし、公立高校の野球部が最後には甲子園へ出場するまでになるというストーリーだ。岩崎さんは、「目標ではなく自己管理が人を動機づける」というドラッカーの考えを実にわかりやすく表現している。

　ところで中学校の英語の授業のようで恐縮だが、「Management by Objectives and Self-control」を訳すと「目標と自己管理によるマネジメント（管理）」となるはずだ。ObjectivesとSelf-Controlはandで繋がれた並列関係でbyはその両方にかかっているからだ。決して「目標によるマネジメント（管理）と自己管理」とはならない。だから、「目標管理」という訳は不正確なというよりSelf-Controlが抜け落ちた間違った訳だといえる。

冒頭で紹介した「頭文字をとってMBOと略して呼ばれる」というのもおかしな話だ。「Management by Objectives and Self-control」なのだから、普通に頭文字ととるなら「MOS」となるはずだ。なぜ、そんな馬鹿なことになっているのだろう。

私の単なる推測だが、「意図的にそう訳された、そう省略されて使われた」としか考えられない。「目標と自己管理によるマネジメント」では企業をトップダウンで経営するのに都合が悪かったからだろう。要するに「自己管理」が邪魔だったのだ。その点、岩崎さんは素晴らしい。一般的に使われている誤訳「目標管理」を使わずに、きちんと「自己目標管理」という正しい訳を使っているからだ。

ドラッカーは著書『現代の経営』のなかで「自己管理による目標管理こそ、まさにマネジメントの"哲学"と呼ぶべきものである」と言っている。そして「目標管理の最大の利点は支配によるマネジメントを自己管理によるマネジメントに代えることにある」としている。これが彼の提唱する目標管理の本来の姿であり、めざすものなのだ。

ところが日本の多くの企業では、目標管理が従業員に「成果」というノルマを課す成果主義の道具として使われている。さきほど紹介した五十嵐英憲氏も著書『新版　目標管理の本質』のなかで、「MBOは、思想と手順を示したものであり、人事評価用に設計されたツールではない」と言い、「"MBOは人事評価のツールなり"という誤った認識が一般化し、それが"本来的なMBOのよさ"を殺している」とも書いている。五十嵐氏の表現を借りれば「MBOもどき」の「ノルマ管理型のMBO」になってしまっているのだ。ドラッカーがこのような日本の状況を見たら、きっと憤慨し嘆いたことだろう。

■ドラッカーのマネジメント哲学に学ぶ

ここでもう少しドラッカーのマネジメントについての考え方を見ておこう。やや長い引用になるが彼は著書『現代の経営』のなかでマネジメントについてこう語っている。

「今日必要とされているものは、一人ひとりの人の強みと責任を最大限に発揮させ、彼らのビジョンと行動に共通の方向性を与え、チームワークを発揮させるためのマネジメントの原理、すなわち一人ひとりの目標と全体の利益を調和させるためのマネジメントの原理である。これらのことを可能にする唯一のものが、自己管理による目標管理である。自己管理による目標管理だけが、全体の利益を一人ひとりの目標にすることができる」

彼は組織を経営するうえで、①働く人たちの力を最大限に発揮させること、②全体の利益と個人の目標を調和させて共通の方向性を与えチームワークを発揮させること、の２つが重要であり、それを可能にするのが「自己目標管理」であるとする。そして、その「自己目標管理」については次のように述べている。

「自己目標管理の利点は、自らの仕事を自ら管理することにある。その結果、最善を尽くすための動機がもたらされる」

また1974年の著書『マネジメント』では、動機づけについてより明確にこう言っている。

「自己管理が強い動機づけをもたらす」

ドラッカーのこれらの言葉を読んで、自分が目標管理を正しく理解していなかったことに気づき強い衝撃を受けた。私は組織で働く人たちに単に同じ方向に向かった目標を設定させて力を結集することだけが目標管理の目的だと考えていた。しかし、ドラッカーの考えはそんな浅いものではなかった。「どうすれば働く人たちが意欲的に仕事に取組み、持てる力を最大限に発揮するようになるのか」を深く考えた結果として彼は「自己目標管理によるマネジメント」に辿り着いたのだ。一方的なトップダウンと強制による支配のマネジメントで

はなく、自己管理によるマネジメントこそが働く人たちを真に動機づけ、能力を最大限に発揮させるものだという認識。それがドラッカーのマネジメントの哲学なのだ。

　ここで心に留めておいていただきたいのは、次のことだ。1つは、支配のマネジメントのために使われる「目標管理」は「ノルマ管理」であり、ドラッカーが考える「自己目標管理」とは全く異なるということ。考えてみれば誰にでもわかることだが、上から押し付けられた目標で動機づけられモチベーションが高くなるはずがない。人は強制されてではなく自分で決めた目標だからこそ「がんばって目標を達成しよう」という気持ちになるのだ。

　働く人々を動機づけ組織力を高めるには支配ではなく自己管理によるマネジメントを実現することが必要であり、そのためには単なる「目標管理」ではなく「自己目標管理」でなくてはならないということだ。

　もう1つ重要なことがある。ドラッカーは「自己目標管理」を考えるときに、その実践者は「経営管理者」と「現場管理者」としている。つまり、仕事をコントロールする権限が与えられている「マネジャー」だけを対象とし、「一般従業員」は対象としていないことだ。当然のことだが仕事を管理する権限を与えられているから「自己目標管理」ができるのであって、その権限が与えられていない一般の従業員は対象にならない。自治体でいうならば「管理職」と「監督職」が対象であり、「一般職」は対象ではないと考えていいだろう。

　まとめるとポイントは次の3つだ。

①トップダウンで成果を求める目標管理は「ノルマ管理」であり動機づけにならない。
②組織力を高めるマネジメントを実現するには「自己目標管理」でなくてはならない。
③自己目標管理の対象は管理・監督職であり、一般職員は対象にできない。

　この3つのことを頭にしっかりと入れておいてほしい。

いま日本の企業や自治体の組織経営に求められているのは、このドラッカーのマネジメント哲学であり、間違った「目標管理（MBO）」を即座に廃止して正しい「自己目標管理(MOS)」を実践することではないだろうか。そうでないと、企業における成果主義の失敗からも明らかなように組織も働く人たちも壊れていってしまう。いまこそ、私たちはドラッカーに学ばなければならない。

■まとめ
　目標管理は、「マネジメントの父」と呼ばれるP.F.ドラッカーが提唱したマネジメントの手法で、その「Management by Objectives and Self-control」の頭文字をとって「ＭＢＯ」と略して呼ばれる。日本では昭和40年代以降に多くの企業でマネジメントの手法として導入されてきた。その後、能力主義から成果主義へ移行するなかで、マネジメント手法としてだけでなく人事評価の手法としても使われるようになったという歴史がある。
　日本の企業では、一方的なトップダウンと強制によってノルマを課すだけの「ノルマ管理型の目標管理」になってしまっている。
　ドラッカーの提唱した「Management by Objectives and Self-control」は、「目標管理」ではなく「自己目標管理」と訳すのが正しい。「ノルマ管理による支配のマネジメントではなく、自己管理によるマネジメントこそが働く人たちを真に動機づけ、能力を最大限に発揮させる」というのがドラッカーのマネジメントの哲学だからだ。
　ドラッカーは「自己目標管理」を考えるときに、その実践者は「マネジャー（経営管理者と現場管理者）」とする。つまり、仕事を自己管理する権限が与えられている「マネジャー」だけが対象であり、その権限が与えられていない「一般従業員」は対象としていない。
　組織マネジメントを高める「自己目標管理」を実践するポイントは次の３つである。

①トップダウンで成果を求める目標管理は「ノルマ管理」であり動機づけにならない。
②組織力を高めるマネジメントを実現するには「自己目標管理」でなくてはならない。
③自己目標管理の対象は管理・監督職であり、一般職員は対象にできない。

【独り言】

　先日ある異業種交流の勉強会に参加したときのことだ。懇親会でたまたま民間企業の総務人事部門で働く30歳代の若者と向かい合わせの席になった。彼は私の名刺を見て自治体の人事評価制度に興味を持ちいろいろ質問してきた。お酒を交わしながら私も答えを返して楽しく意見交換した。そのうち話題が成果主義のことになり、今度は私から民間企業の状況を尋ねてみた。彼が言うには「民間では成果主義を入れてみんな失敗してます。それは酷いもんですよ。私のところも例外やないです」と言う。さらに続けて「民間で成果主義を導入してかろうじて失敗していないのは、部門と対象を限定して導入した会社だけとちがうかなあ。営業や製造部門だけに限定して、対象も管理職だけにして一般の従業員は対象外にしているようなところです」と話してくれた。

　成果主義といっても、その中味は会社によって千差万別のようだ。民間企業でも、すべての部門・職種・職階に導入されているわけでは決してない。成果主義になじまない部門・業務もある、いやその方が多いかもしれない。そして、目標管理で業績を評価して成果主義の給与にできるのは、ドラッカーが言ったようにマネジャーだけなのだ。そのことを理解せずに、一般の従業員まで対象にしたところはことごとく失敗しているのだ。

　すぐに打ち解けてこんな本音の話ができるのが、大阪人、関西人のええとこやと思う。懇親会がお開きになる前に、彼は「まだ先の話でけど、近い将来に会社を離れて独立しようと思ってます」と胸の内を打ち明けてくれた。彼ならええ根性してそうやから、きっとうまくいくやろなあ。別れてから「自治体に転職するのもええで」と勧めといたらよかったなあと思った。

第6章　簡易コンピテンシー評価（岸和田方式）

　人事評価を理解するための基礎知識をインプットしていただいたところで、ここからは人事評価のあり方を考えるための1つの材料として岸和田市の人事評価制度をご紹介することにしたい。まずはコンピテンシーが一般的にどのように使われているのかを見たうえで、岸和田方式の「簡易コンピテンシー評価」を紹介しよう。

■「コンピテンシー辞書」による評価が一般的
　コンピテンシー評価では**図表9**のような「コンピテンシー辞書」と呼ばれる職務行動の記述書を作成するのが一般的だ。各部門・職階の職務ごとに必要とされるコンピテンシーについて数段階のレベルが設定され、各レベルに該当する行動が詳細に記述されたものだ。被評価者にインタビューして聞き取った職務行動をこの「コンピテンシー辞書」に当てはめて、どのレベルに該当するか判断するのがオーソドックスな評価方法となっている。
　アメリカでは先ほど第4章で見たように公民権運動が背景にあり、個々の仕事ごとに「職務定義書」を定め職務と報酬を明確にすることが求められる。このような社会環境のなかで導入されたので、コンピテンシー評価も職務ごとに詳細な「コンピテンシー辞書」を作成することとなったようである。
　では日本ではどうかというと、やはり職種・職階ごとに「コンピテンシー辞書」を作成する方法が主流となっている。これは、おそらくコンピテンシー評価を導入する際にアメリカのコンサルティング会社を使ったためそうなったのだろう。しかし、アメリカほど職務内容が明確でない日本の組織環境のなかで、専門的な訓練を受けていない管理職が相当な量の行動記述でできた「コンピテンシー辞書」を使いこなして部下の行動を評価するのは至難の業だといってよ

図表9　コンピテンシー辞書の例

レベル（評価尺度）	業務改善力	責任行動
レベル4 非常に優秀な職員	担当業務だけでなく、課内の他の業務についても改善方法を理解し、自ら実行するとともに他のメンバーにも働きかけている。	職務責任とともに、業績責任についても組織目的との関連の視点から正しく理解し、責任を果たすように行動している。
レベル3 優秀な職員	業務の問題点や課題をどのように改善すればよいか理解し、積極的に実行して成果をあげている。	自分の遂行すべき職務責任を正しく理解するとともに、業績責任も考えながら職務を遂行している。
レベル2 職員としての合格水準	業務の問題点や課題をどのように改善すればよいか理解し、改善を進めている。	自分の遂行すべき職務の責任を正しく理解し、最後まで円滑に職務を遂行している。
レベル1 求められる最低限の水準	業務の問題点や課題を把握し、改善しようと努力している。	自分の遂行すべき職務の責任を正しく理解し、円滑に職務を遂行しようとしている。
レベル0 努力が必要な水準	新しい考え方・方法を取り入れる努力をしない。	自分の遂行すべき職務の責任を正しく理解しておらず、ただ漠然と仕事をしている。
レベル−1 組織に損害を与える	新しい考え方・方法を拒否し、受け付けない。	自分の遂行すべき職務の責任を全く理解していない。あるいは、責任を放棄している。

（複数の団体のコンピテンシー辞書を参考にして筆者が作成したもの）

【注】上の表では、「業務改善力」「責任行動」の2つを例示しているが、一般的には20程度の評価項目が設定されることが多い。例えば、（株）武田薬品工業では21のコンピテンシー項目が、宇都宮市では22のコンピテンシー項目が設けられている。なお、佐賀県のコンピテンシー辞書では、14のコンピテンシー項目（中項目）のなかに56の着眼点（小項目）が設定され、その各々に5段階の行動レベルが記述されている。

い。しかも能力開発を目的にするならば、管理職（上司）だけが使えればよいのではない。能力開発をするのは職員（本人）なのだ。だから、職員が簡単に使え自分の能力開発に活用できなくては何の意味もない。

　そこで、注目したのが360度評価（多面評価）で使われている**図表10**のよ

> **図表10　インディケーター（行動チェックリスト）の例**
>
> ＊ふだん見かける対象者の行動から判断し、0～4のいずれかを○で囲む。
> 【人材育成力】
> 　仕事上で適宜アドバイスをするほか、研修の受講を勧めるなど、部下に能力開発の働きかけをしている。
> 　　ほとんどしていない　　　　0　　1　　2　　3　　4　　よくしている
> 【情報指向性】
> 　新しい情報に強い関心を持ち、内外の情報を収集し活用している。
> 　　ほとんどしていない　　　　0　　1　　2　　3　　4　　よくしている

うなインディケーター（行動チェックリスト）である。インディケーターは、評価者訓練を受けていない者でも観察した行動から容易に判断できるようにコンピテンシーの発揮と考えられる特徴的な行動を示し、その行動がどの程度見られるかで判断するものである。「コンピテンシー辞書」を使った評価が質の判断であるのに対して、インディケーターによる評価は量で判断するものだ。質的な判断には相当な知識と訓練が必要であり、評価者の主観も入りやすい。しかし、具体的な行動の量的な判断なら「ある」か「ない」かという事実の確認なので比較的簡単にでき、評価者の主観も入りにくいと考えられる。

　この評価方法は既に研修の分野では広く使われているが、評価が簡単であるにもかかわらず結果の信頼性は高いとされている。そのことは、2002年7月に私自身が民間企業のリーダー研修で「自己認識ツール」として使われている360度評価（日本能率協会マネジメントセンター「JMAM360度フィードバックシステム」）を体験する機会があり、その結果から実感したところである。

　処遇管理を目的にするなら管理職（上司）だけが使えればよいわけだが、能力開発を目的にするのであれば職員（本人）が理解し能力開発に活用できなければならない。このインディケーターによる評価方法は、シンプルでわかりやすいという点で能力開発という目的に最も適した評価方法であるといえる。

　以上の理由から岸和田市では、コンピテンシー評価の方法としては一般的ではないが、インディケーターを使った「簡易コンピテンシー評価」を独自に開

発することにした。

■「簡易コンピテンシー評価」を体験しよう！

　岸和田方式の「簡易コンピテンシー評価」特色は、何と言ってもだれでも簡単に使えるところだ。言葉で説明するより「百聞は一見にしかず」なので、まずは実際に体験してもらうことにしよう。ペンか鉛筆を持って、**図表11**「さわやか行政サービス自己診断」をご覧いただきたい。

　岸和田市役所では、毎年5月と9月を推進月間として「さわやか行政サービス運動」という庁内運動を実施している。このシートは2007年9月に職員向けの啓発チラシとして私が作成し配付したものだ。職員としてのサービス行動を自己点検することを目的としており、チェック項目は「1．応対力」「2．職場マナー」「3．電話力」「4．廊下力」の4つある。各項目には3つずつ着眼点が設けられており具体的な行動が記述されている。

　記入方法は、いたって簡単だ。まず、自分は着眼点に書かれている行動を「いつもしている」と思えば「a」とする。「しているときと、していないときがある」と思えば「b」、「ほとんどしていない」と思えば「c」を丸で囲む。どうしても判断に迷ったら、「b」とする（シートの左下「着眼点の評価基準」を参照）。まず、そこまで記入していただきたい。

　次に、表の右下の「項目の評価の目安」に当てはめて各項目の評価点を記入してもらいたい。着眼点が、3つとも「a」ならその項目の評価を「5」として数字を丸で囲む。「a、b、b」や「b、a、b」というように「a」と「b」が混在していれば「4」とする。同様にオール「b」なら「3」とし、「b」と「c」が混在すれば「2」、オール「c」なら「1」としていただきたい。

　もしも、「a、a、c」というように「a」と「c」の混在する場合、あるいは「a、b、c」となって目安に当てはまらない場合は、ご自分で総合的に判断していただきたい。オール「a」でもオール「c」でもないので、「5」と「1」にはならない。従って、残る「4」「3」「2」のどれになるか考えてもらいたい。最後に4項目の評価点を合計すると、あなたのサービス行動につ

いてのコンピテンシー評価が出る。

　このシートについて少し解説しておこう。着眼点に書かれたこれらの行動は、接遇の基本としてよく言われること、実際に人事課へ寄せられた市民からの苦情電話の指摘などを整理したものである。

　例えば「２．職場マナー力」を見ていただくと、「１．離席するときは、周囲の人に行き先、戻る時間を告げている。」とある。基本的な職場のルールだが、実際にはこれがなかなか実行できない。

　次の「２．来客に聞こえる場所で大声で笑ったり、仕事以外の話、出前の注文などをしない。」は、実際にあった苦情電話の事例をヒントにしたものだ。「税の窓口が混んで長時間待たされた。カウンターで職員が応対している後ろで、大きな声で昼食の出前を注文する電話をかけている職員がいる。客を待たせておいて、市役所の職員は何をしているんだ！」と電話の市民は激怒されていた。出前をとるなとは言わないが、来客への配慮に欠ける行動で市役所のイメージダウンもはなはだしい。

　「４．廊下力」も同じである。廊下で迷っている来庁者がいても、その横を知らぬ顔で通り過ぎる職員がいる。廊下や階段に紙くずが落ちていても、気にもとめない職員もいる。カウンターの内側、室内は自分の職場と思っているが、廊下や階段は自分の職場であるという意識がないのだ。しかし、市民にとってはどこも全て市役所である。担当の業務そのものよりも、このような周辺部分の行動にこそ職員の意識がよく表れるように思われる。

■評価基準にはメッセージ性が必要

　さて、あなたの「さわやか行政サービス自己診断」の結果はどうだっただろうか。しかし、ここでは合計点は気にせずに、「ｂ」「ｃ」と判断した着眼点をもう一度注意して読み返していただきたい。そして、どのような「気づき」があったか、あなたの心のなかでどのような変化が起こっているか見つめてもらいたい。

　明日の朝、出勤して通用口を入りタイムカードを打って自分の課へ向かって

図表11 岸和田市方式「簡易コンピテンシー」を体験してみよう！

チェックしてみてね！

ふだんの自分の行動を振り返って、チェックしてみましょう。
あなたのサービス・コンピテンシーは、どのくらいでしょうか。
「応対力」「職場マナー力」「電話力」「廊下力」をチェックしてみてください。

さわやか行政サービス自己診断

サービス・コンピテンシー評価シート

行政サービス職員用

チェック項目	チェック項目の内容と着眼点	評価欄 （あてはまるものに○）				
1. 応対力	市職員として、市民から信頼される態度で応対している。【着眼点】 1. みだしなみに気をつけ、名札の着用はもちろん、仕事にふさわしい服装をしている。 2. 「相手を説得する」のではなく、「相手に納得してもらう」ことを意識して応対している。 3. 相手の性別によって態度、話し方を区別することなく接している。	5 5 5	4 4 4	3 3 3	2 2 2	1 1 1
2. 職場マナー力	あたりまえのことがきちんとできて、職場のマナーを守っている。【着眼点】 1. 離席するときは、周囲の人に行先、戻る時間を告げている。 2. 来客に聞こえる場所で大声で笑ったり、仕事以外の話、出前の注文などをしない。 3. 出勤時に「おはようございます」、退庁時に「お疲れ様」「失礼します」を挨拶している。	5 5 5	4 4 4	3 3 3	2 2 2	1 1 1
3. 電話力	相手に好印象を与える電話応対をしている。【着眼点】 1. 電話をとったら、「○○課の□□でございます」と所属・名前をはっきりと告げている。 2. 相手に好印象を与えるよう、声のトーンに気を付けて明るく丁寧な話し方を心掛けている。 3. 「失礼ですが」「恐れ入りますが」といったクッション語を使うようにしている。	5 5 5	4 4 4	3 3 3	2 2 2	1 1 1
4. 廊下力	廊下での行動も職務と考えて、常に自覚をもった行動をしている。【着眼点】 1. 廊下などで迷っているような来庁者を見かけたら、こちらから声をかけている。 2. 廊下や階段など、紙くずなどが落ちているのを見たら、拾って処分している。 3. 廊下や廊下の踊り場などで立ち話（1分以上）をすることがない。	5 5 5	4 4 4	3 3 3	2 2 2	1 1 1
	評価点					

各項目の着眼点について、下記の「評価基準」を参考に○〜cの評価を記入します。次に、評価の目安を参考に1〜5の評価点を記入します。評価点は、4項目の合計で20点満点となります。

第6章 簡易コンピテンシー評価（岸和田方式）

①

	着眼点の評価基準
a	このような行動が、よく見られる（傾向が強い・他の職員の模範となる）
b	このような行動が、たまに見られる（傾向がある・普通・わからない）
c	このような行動は、ほとんど見られない（傾向が全くない・反対の傾向）

②

	項目の評価の目安	
5	オール a	
4	a と b	2	b と c
3	オール b	1	オール c

考課の手順

① チェック項目ごとに「着眼点」が3つずつあります。各「着眼点」を読んで①の「着眼点の評価基準」にあてはめ、該当するa、b、cを○で囲んでください。

② 各項目ごとのa、b、cの数を②の「項目の評価の目安」にあてはめて5〜1の評価点を決定します。
（例）・3項目とも「a」ならオールaですので「5」、3項目とも bなら「3」となります。
・「a」が1つで「b」が2つ、あるいは「b」が1つの場合は「4」となります。
・この目安にないパターンの場合、例えば「a、a、c」という場合は総合的に判断し「4」〜「2」のいずれかとします。

③ 各項目の評価点を合計します。

＊このシートは、岸和田市の「さわやか行政サービス運動」（毎年、5月と10月に実施）で使用している職員向け啓発チラシをもとに作成したものです。

廊下を歩いて行くと、廊下の隅に紙くずが落ちていたとする。さて、あなたはどうするだろうか。

これまでは気にかけずに通り過ぎていたあなたも、紙くずを拾ってゴミ箱に捨てようという気持ちになっていないだろうか。廊下で迷っている人を見かけたら、声を掛けようかなと思うようになっていないだろうか。

このように、評価の基準は職員にとって「行動の指針（行為規範）」という側面を持っている。つまり、「サービス向上のために、みんなでこういう行動をしよう！」というメッセージなのである。

首長がいくら声を大にして「みなさん、意識改革をはかりましょう」「サービス業だという認識を持って接遇の向上に努めてもらいたい」と訓示したところで、職員の接遇は少しも良くならない。なぜなら、このような訓示は内容が抽象的でメッセージ性が弱いので職員に心にまで届かないからだ。職員はどう行動すればよいかわからないのだ。抽象的なものではなく、先ほどの自己診断シートの各着眼点のように、具体的な「行動の指針」となるメッセージを職員に向けて発信することが必要なのである。

■岸和田方式の簡易コンピテンシー評価

体験していただいた「さわやか行政サービス自己診断」シートは、接遇についての行動をチェックしてもらうことを目的に作成したものだが、実は岸和田市の能力考課シートはこれと全く同じ形で作られている（岸和田市では「評価」ではなく「考課」という言葉を使っている）。図表12、図表13の能力考課シートと比べていただきたい。違うのは、考課項目が接遇だけではなく職務全般に関するものになっている点と、「本人考課」欄だけでなく上司が考課を記入する欄があることだけである。各項目の着眼点を読むと、かなり具体的な行動記述になっていることがわかるだろう。

例えば、図表12のシートの「6．職場マナー・チーム貢献」の着眼点には、「3．必要に応じメンバーの協力を求め、仕事を抱え込んでひとりで残業したり、休日出勤することがない」という行動記述がある。従来からよく使われている「協

第6章 簡易コンピテンシー評価（岸和田方式）

図表12

平成25年度　能力考課シート　　　　主幹 ～ 一般職員（行政職等）

所属	役職名	氏名

	考課項目	考課項目の内容と着眼点	本人考課（第1次）（上段 5～1／下段 着眼点別a～c）	第2次考課	第3次考課	本人記入欄（考課の理由、今後の課題）
基本コンピテンシー〈必須〉	1. 変革力	現状に満足せず、業務の改善・改革や創造を行い、新たな課題や困難な課題に挑戦している。【着眼点】 1. できない理由を考えるのではなく、どうすればできるか考え行動している。 2. 市民感覚・コスト意識を持ち、担当業務を改善・改革している。 3. 積極的に改善策を提案し、メンバーや関係者の協力を得ている。	5 4 3 2 1 a b c a b c a b c			
	2. 市民（顧客）満足志向	役所の論理を押し付けることなく、市民の立場に立って対応し職務を遂行している。【着眼点】 1. 常に市民サービスの向上を念頭に置きながら、制度・施設を運用し、職務を遂行している。 2. 役所の論理やセクション意識を相手に押し付けず、市民の立場（気持ち）でよく話を聴き、考え、行動している。 3. 接遇技能を修得し、好感の持てるマナー・態度・身だしなみで対人応対している。	5 4 3 2 1 a b c a b c a b c			
	3. コミュニケーション	職場において必要とされるコミュニケーション（報告・連絡・相談）を積極的に行っている。【着眼点】 1. 上司・メンバーへの報告・連絡・相談的確、確実に行っている。 2. 書類を分かりやすく整理し、担当業務の情報を積極的に発信し、情報の共有に努めている。 3. グループの打ち合わせや会議等では、メンバーの意見をよく聴き、自らも積極的に発言している。	5 4 3 2 1 a b c a b c a b c			
	4. 職務遂行力	仕事の目的や市職員としての責務を自覚し、主体的に取り組み職務をやり遂げている。【着眼点】 1. 責任感を持って期限までに職務を完結し、結果や自己の言動に対して責任回避・責任転嫁しない。 2. 情報セキュリティーの観点から、書類や電子データの扱い、言動には十分注意している。 3. 仕事の目的やポイントを押さえ、優先順位を判断し、適切かつ迅速に業務を処理している。	5 4 3 2 1 a b c a b c a b c			
	5. 自己能力開発	職務に関する新しい専門知識やスキルの習得など、自己啓発に取り組んでいる。【着眼点】 1. 日頃から職務に関連する新しい知識や必要なスキルの習得に努めている。 2. セミナー・研修会・研究会へ参加するなど、自己啓発に積極的な行動をしている。 3. 自分が習得した職務上の知識やスキルを、進んで職場で共有している。	5 4 3 2 1 a b c a b c a b c			
	6. 職場マナー・チーム貢献	組織の規則やルール・マナーを守り、他のメンバーと信頼関係を構築し、チームに貢献している。【着眼点】 1. 職場のルール、マナーを守るとともに健康面の自己管理にも努め、他のメンバーに迷惑をかけない（休暇の取得など）。 2. 孤立せずに、他のメンバーと協力して職務にあたり、チームに貢献し、明るい職場づくりに努めている。 3. 必要に応じメンバーの協力を求め、仕事を抱え込んでひとりで残業したり、休日出勤することがない。	5 4 3 2 1 a b c a b c a b c			
職務コンピテンシー〈選択〉	7. 情報収集・活用	職務上必要な情報を積極的に収集・分析し、有効に活用している。【着眼点】 1. 職務に関する新しい知識や情報に強い関心を持ち、日頃から広く情報を収集している。 2. 知識・情報を業務の改善・改革や日常の職務の遂行に活用している。 3. 全国的な動向や近隣自治体の動向、担当部門の最新情報などを、常に把握している。	5 4 3 2 1 a b c a b c a b c			
	8. OA活用力	OAについての知識・技能を習得し、業務に活用している。【着眼点】 1. 職務に必要なOA機器の知識・技能を習得し、職場のメンバーと共有し、有効に活用している。 2. OAを活用し、業務改善やコストの削減をはかっている。 3. セキュリティーポリシーに精通し、OAを安全に活用している。	5 4 3 2 1 a b c a b c a b c			
	9. 計画・管理力	柔軟な思考と分析力を発揮し、明確なコンセプトに基づいて効果的・効率的に計画を策定している。【着眼点】 1. 実現性・妥当性を十分に検証した計画、スケジュールを作成している。 2. 業務の進捗状況を把握して、予定までをきちんとスケジュール管理を行っている。 3. 目標達成・課題解決に向け、明確なコンセプトや新しいアイデアに基づいた計画を作成している。	5 4 3 2 1 a b c a b c a b c			
	10. 対人関係力	相手の意図・感情に的確に対応しながら、相互の信頼関係を構築し、業務を円滑に遂行する。【着眼点】 1. 相手の理性や感情に働きかけ、納得してもらえるような話し方で人と接している。 2. 自分の考えに固執せず、相手の考えや感情を感じ取り、相手に合わせた対応をしている。 3. じっくり相手の話を聴くなど、対応に誠実さが感じられ、市民や関係者からの信頼を得ている。	5 4 3 2 1 a b c a b c a b c			
	11. セルフコントロール	困難な状況においても、自己を見失わず冷静に対応し、安定した態度で職務を遂行している。【着眼点】 1. ストレスのかかる状況の中でも、感情的にならず職務を遂行している（キレることがない）。 2. トラブルやクレーム等に対しても、冷静かつ臨機応変に対応している（パニックにならない）。 3. 仕事に前向きで、気持ちの切り替えを素早く行うことができる（失敗をいつまでも引きずらない）。	5 4 3 2 1 a b c a b c a b c			
	12. 人材育成力	良好な人間関係を築くとともに、的確な指導・助言を行い異動職員・後輩の育成に努めている。【着眼点】 1. 仕事上のアドバイスなどを積極的に行い、共に育しみ、職場のレベルアップに努めている。 2. 職位・権限、光輩・後輩からの信頼を獲得している。 3. 同僚からの相談に気軽に応じるなどして、良好な人間関係を築いている。	5 4 3 2 1 a b c a b c a b c			

* 考課を受ける職員は、7～12の職務コンピテンシーについて2項目を選択し、選択した番号を○で囲んでください。基本コンピテンシー6項目（満点60点）と選択した職務コンピテンシー2項目（満点40点）の合計が考課点となる。

考課点　1～6は ×2点　7～12は ×4点

着眼点の考課基準

a	このような行動が、よく見られる（傾向が強い、他の職員の模範となる）
b	このような行動が、たまに見られる（やや傾向がある・普通・わからない）
c	このような行動は、ほとんど見られない（全く傾向がない・反対の傾向）

項目の考課値の目安

5	オールa	2	bとc
4	aとb	1	オールc
3	オールb		

第2次考課者		第3次考課者	

図表13

管理職（行政職等）

平成25年度　能力考課シート

所属		役職名		氏名	

考課項目	考課項目の内容と着眼点	本人考課（第1次） (上段：5～1／下段：着眼点別a～c)	第2次考課	第3次考課	本人記入欄（評価の理由、今後の課題）
1. 変革力	現状に満足せず、業務の改善・改革や創造を行い、新たな課題や困難な課題に挑戦する。 【着眼点】 1. できない理由を考えるのではなく、どうすればできるか考え行動している。 2. 現状に満足せず積極的に改善・改革方策を打ち出し、メンバーや関係者から賛同を得ている。 3. リスクの高い仕事に挑戦したり、変革に抵抗する人達や関係者の圧力に対して勇敢に立ち向かう。	5 4 3 2 1 a b c a b c a b c			
2. 市民（顧客）満足志向	役所の論理を押し付けることなく、市民の立場に立った職務を遂行している。 【着眼点】 1. 常に市民サービスの向上を念頭に置きながら、制度・施設の運用や意思決定を行う。 2. 役所の論理やセクション意識を相手に押し付けず、市民の立場（気持ち）でよく話を聴き、考え、行動している。 3. 接遇技能を修得し、好感の持てるマナー・態度・身だしなみで、他の模範となる対人応対をしている。	5 4 3 2 1 a b c a b c a b c			
3. コミュニケーション	適切なコミュニケーション（報告・連絡・相談）を積極的に行い、業務を円滑に遂行する。 【着眼点】 1. 上司や部下と適切なコミュニケーションを図り、報告・連絡・相談や情報伝達を円滑に行っている。 2. 情報発信に積極的で、業務に関する情報をメンバー内で共有している。 3. 自ら率先垂範して組織内の意思疎通を高めるとともに、コミュニケーションを促進するための仕組み、雰囲気づくりを行っている。	5 4 3 2 1 a b c a b c a b c			
4. リーダーシップ	組織目標の達成に向けた方向性を示すとともに、スピーディな判断で問題の解決をはかる。 【着眼点】 1. 組織の方針・目標と連動した部門目標を設定し、分かりやすい言葉でメンバーに伝えている。 2. 問題の原因を発見し、迅速に対策を判断して、柔軟かつスピーディな問題解決を行う。 3. 目先の利益や一時的な解決策にとらわれず、市民や組織全体または長期的な視点から、総合的な判断をする。	5 4 3 2 1 a b c a b c a b c			
5. 活力ある組織づくり	活力ある組織づくりに努め、職務遂行の環境整備を行っている。 【着眼点】 1. 部下の話をよく聴き、自由に発言できる雰囲気づくりをするなど、民主的に職場を運営している。 2. メンバーの意欲と考えを尊重し、仕事を任せている。 3. 職務遂行上で相談できる人的ネットワーク（内外の関係者との良好な関係）を構築している。	5 4 3 2 1 a b c a b c a b c			
6. 人材育成力	部下の能力を公平・適切に把握し、人材育成に積極的に取り組んでいる。 【着眼点】 1. 仕事上のアドバイスを適宜行ったり、ミーティングなどを通じて指導・助言を行っている（部下の行動で見られた（評価すべき、注意すべき）点は、逃さず伝えている。 2. 方針を明示した上で、部下の能力や実績に応じて業務分担・権限委譲を行い、人材育成をはかる。 3. セミナーや研修等への参加を勧めるなど、部下に能力開発の機会をかけきめる。	5 4 3 2 1 a b c a b c a b c			
7. 役割認識責任行動	自己が果たすべき役割を理解し、職務責任を考え行動する。 【着眼点】 1. 情報セキュリティの観点から、書類や電子データの扱い、言動などについて、率先して部下の模範となるなど、組織内で果たすべき職務責任を理解し、タイムリーに意思決定を行っている。 2. 問題が発生したときは、他に責任を転嫁せず、自らが責任をとるという態度で行動している。 3. 結果や自己の言動に対して、責任回避・責任転嫁をしない。	5 4 3 2 1 a b c a b c a b c			
8. 目標達成力	目標達成に向け強い意志で仕事に取り組み、困難を克服してでもやり遂げる。 【着眼点】 1. 曖昧さや行き違いから生じるトラブルをなくすため、仕事内容の詰めをきちんと行う。 2. 目標の達成に向けたスケジュール・プロセスの管理を確実に行い、期限までに職務を完結している。 3. 失敗や困難な状況に置かれても、必要な対応を行い、目標を最後まで成し遂げようとしている。	5 4 3 2 1 a b c a b c a b c			
9. 知識・情報力	業務に関する知識・情報等を収集し、業務に活用する。 【着眼点】 1. 職務に関する新しい知識や情報に強い関心を持ち、日頃から広く情報を収集し活用している。 2. 積極的にセミナー等へ足を運ぶなど、役所外の人・情報に接し刺激を受けるようにしている。 3. 知識・情報を活用して、政策・戦略を立案したり、業務の合理化案を作成する。	5 4 3 2 1 a b c a b c a b c			
10. 対人折衝力	役所内外の折衝において、相手の納得・信頼を得られる交渉を行っている。 【着眼点】 1. 市民や職員に対して、感情的にならず誠実に対応し、説得力ある話し方ができる。 2. 相手の主張に耳を傾けるとともに、自己の考えを相手が納得するまで粘り強く説明する。 3. セクショナリズムを避けながら内外との調整を行い、仕事の計画・基盤づくり等の前さばきをする。	5 4 3 2 1 a b c a b c a b c			
	＊ 各考課項目の考課値×2点の合計が考課点となります。	考課点			

着眼点の考課基準
a	このような行動が、よく見られる（傾向が強い、他の職員の模範となる）
b	このような行動が、たまに見られる（やや傾向がある・普通・わからない）
c	このような行動は、ほとんど（ ）見られない（全く傾向がない・反対の傾向）

考課項目の評価の目安
5	オールa	2	bとc
4	aとb	1	オールc
3	オールb		

第2次考課者		第3次考課者	

第6章　簡易コンピテンシー評価（岸和田方式）

調性：組織人としての自覚を持ち、上司や同僚、他部局の職員と協力して職務を遂行する」といった評価基準と比べて、どちらの方がメッセージ性が強いだろうか。

　従来の処遇管理型の人事評価制度では「職員を評価すること」が目的となっているので、評価基準は単なる「評価のための基準」としか考えられていない。しかし、職員の能力開発を目的とするならば、「行動の指針」となることが必要であり、具体的でメッセージ性があることが求められる。

　話は変わるが、「人材が育つ」とはどういうことをいうのだろうか。私は、「職員一人ひとりの意識が変革され能力がアップすること」だと考えている。では、「能力がアップする」とは、どういうことだろうか。難しく考えると迷路に入ってしまうが、素直に考えてみると答えが見えてくる。それは、これまで「できなかった」ことが、「できるようになる」こと、つまり行動が変わることである。そして、行動が変わるために必要なのが、具体的でわかりやすい行動指針が示されることと、評価結果のフィードバックによって「気づき」が提供されることである。

　多くの人は「意識が変わらないと、行動は変わらない」と考える。だから、多くの首長は機会あるごとに「職員の意識改革が求められている。もっとコスト意識、サービス精神を持ってもらいたい」などと訓示をする。先ほども言ったが、このような訓示はメッセージ性が弱く、100回、1000回繰り返したところで職員の耳には届いても心には届かず意識改革は進まない。行動が変わらないと、職員の意識は変わらないのである。必要な行動を１つ１つ具体的に示し、実行できているかをお互いにチェックし合い小さな行動変革を積み重ねる地道な取り組みこそが必要なのであり、それが意識改革につながる。人事評価制度の目的は、このようにして職員の行動を変え、意識変革を進め、職員力・組織力を高めることにある。それが、岸和田方式の「簡易コンピテンシー評価」がめざしているものだ。

■部下が課長を評価する「マネジメント・サポート」

最後に、岸和田市の人事評価制度の特色の1つである部下が上司の課長を評価する「マネジメント・サポート制度」を簡単に紹介しておこう。
　マネジメント・サポート制度は、課長を対象に実施されるいわゆる多面評価と呼ばれるもので、課長の能力評価のサブシステムという位置づけである（**図表14**）。部下からの評価によって、課長にリーダーとして必要な行動についての「気づき」を提供することを目的としている。
　実施の方法は、まず5月に課内で課長を評価する職員を3名以上選任する。選任の仕方は各職場に任せられていて通常は4～6名程度で実施されることが多い。なお、この課長を評価する職員をサッカーのサポーターをイメージして「サポーター」と呼んでいる。評価することで課長がより良いマネジメントをするように応援する人という意味だ。
　サポーターは5～12月の間の課長の行動を見て能力評価と全く同じ基準で課長を評価する。サポーターが記入したシートは12月下旬に部長に提出され、部長から課長へ能力評価の結果とともに面談でフィードバックされることになる。
　制度の開発・導入にあたって、このような「部下が上司を評価する制度」は課長たちに受け入れられないのではないかという懸念もあった。しかし、導入

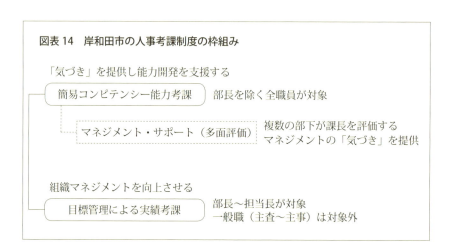

図表14　岸和田市の人事考課制度の枠組み

2年目の2004年度のアンケートでは課長の約6割が、2008年度のアンケートでは約7割が「参考になる」と肯定的な回答をしている。

　蛇足だが、私自身も課長時代にマネジメント・サポート制度による部下からの評価を経験した。部下によって評価はまちまちなのだが、評価内容を比較して見ると「なるほど！部下は私の日頃の行動をそんな風に受け止めているのか」という「気づき」が得られた。やはり複数の人に評価されることは、自分自身を客観的に見るうえで大いに参考になる。

　このマネジメント・サポート制度は、いまでは岸和田市の職員の間にすっかり定着し、部下が上司の課長を評価することが当たり前のことになっている。さきほどマネジメント・サポートの目的は課長に「気づき」を提供することだと言った。確かにそれが第1の目的なのだが、実はほかにもねらいとすることがある。1つは、主査・主任クラスの職員にも自己評価だけでなく、他者を評価することの難しさを経験してもらうこと。そしてもう1つは、「上司が一方的に部下を評価する」という従来の人事評価制度のイメージを「お互いに評価し合い、気づいたことを教え合う」制度というイメージに変えることだ。

　いま1つの例として岸和田市におけるマネジメント・サポート制度の試みを紹介したが、職員が「やらされ感」を持つことがないように人事評価制度のイメージを変えることも制度の導入・運用にあたっての重要な要素だといえる。また、職員が互いに協力して学び合い育ち合う組織文化をつくるためにもこのような取り組みが必要だ。各自治体の状況に応じた仕掛けづくり、制度運用の工夫が求められる。

■まとめ

　簡易コンピテンシー評価（岸和田方式）の紹介を通してお伝えしたい「人材育成型（21世紀型）」の能力評価のポイントは次のとおりだ。

　能力開発を目的にするのであれば職員（本人）が理解し能力開発に活用できなければならない。ところが、一般的に使われているコンピテンシー評価は専門知識・訓練を必要とするものだった。そのため岸和田市では、シンプルでわ

かりやすい「簡易コンピテンシー評価」を独自に開発した。

「処遇管理型（20世紀型）」の制度では「職員を評価すること」が目的なので、評価基準は単なる「評価のための基準」としか考えられていない。それに対して「人材育成型（21世紀型）」の制度では、職員に「自学」の出発点である「気づき」を提供し行動を変革することを目的とするので、評価基準（着眼点）は具体的でメッセージ性があり職員の「行動の指針」となることが求められる。

岸和田市では部下が上司の課長を評価する「マネジメント・サポート」を実施している。目的は部下からの「評価」で「気づき」を提供し課長のマネジメントをサポート（支援）することだが、「上司が一方的に部下を評価する」という従来の人事評価制度のイメージを「お互いに評価し合い、気づいたことを教え合う」制度というイメージに変えるねらいもある。職員が互いに協力して学び合い育ち合う組織文化をつくるために、各自治体の状況に応じてこのような仕掛けづくり、制度運用の工夫が求められる。

【独り言】

　職員力を式で表すと「職員力＝能力×意欲」となるが、より正確には「職員力＝能力×意欲×人柄」だと思う。だが、人柄（キャラクター）は評価できないし、人物評価はしてはいけない。結局は、本当の職員力は人事評価では評価できない。人事評価制度を開発した者がこんなことを言ってはなんだが、人事評価は職員力のごく一部を評価するものでしかない。

　「職員力」は結局「人間力」なんだと思う。いくら仕事ができても、温かい人柄、人間味のある「ええキャラ」がなかったらダメやと思う。それなしでは職場のほんまもんのリーダーにはなれない。若い職員には「自学」して能力開発もがんばってほしいが、いろんな経験をして「人間磨き」「ええキャラづくり」もしてほしい。

第7章　目標管理による業績評価（岸和田市モデル）

　業績評価の手法としては、目標管理が一般的に使われるようになっている。だが、「第5章　目標管理の知識」のところで説明したように、目標管理はドラッカーによって組織マネジメントの手法として考え出されたもので、人事評価のツールとして開発されたものではない。たまたま10数年前に民間企業が成果主義給与制度を導入するにあたって、成果（業績）を評価するために人事評価のツールとして利用し始めたというに過ぎない。

　そのような目標管理の歴史的な経過と2000年以降の民間企業における「成果の出ない成果主義」の失敗をきちんと認識すれば、目標管理の正しい活用方法が見えてくる。

　ここでは、目標管理を業績評価制度として運用する場合のポイントと岸和田市モデルの制度を紹介する。岸和田市といえば「簡易コンピテンシー評価」ばかりが注目されてきたが、実は本格的な目標管理による業績評価制度を持っている。しかも、多くの自治体が目標管理の導入・運用に失敗するなかにあって、岸和田市では導入して10年余りが経過した現在もスムーズに運用されているのだ。ただ、最初からうまくいったわけではなく、導入時に考えていた運用とは違ったものとなっている。そのような経過も含めて紹介することにしよう。

■「評価のための評価」はムダ行政の典型

　目標管理は単なる評価手法として運用しても、そこからは何の成果も得られない。「評価のための評価」には何の意味もないからだ。ましてや評価結果を給与へ反映させるといった成果主義的な運用は、組織と職員にとって有害ですらある。

　しかし、自治体を見ても民間企業での失敗の教訓は生かされず、その多くが

評価のための評価を行っている。そのような自治体の目標管理の運用は、おおむね次のような形になっている。まず上司が総合計画や首長の公約を落とし込んで設定した組織目標を部下に示し、部下はそれを受けて個人目標を設定する。マニュアルなどでは「納得できるまで十分に話し合って目標を設定する」ということになっているが、基本的に一方通行のトップダウンで目標を設定させられる。あるいは、職員の自由度の高い自治体では、上司からの指示はなく個人目標を適当に設定して形ばかりの面談をして目標設定するといったことが行われている。

いずれにしても、このようにして設定された「ノルマとしての目標」や「評価のための目標」で職員が動機づけられてやる気が出るはずがない。もちろん、これらの目標が組織マネジメントにとって何の意味も持たないことは言うまでもない。これでは多くの職員が多大な労力と時間をかけて取り組む意味がない。これこそムダ行政の典型だ。

■目標管理を機能させる

目標を意味のあるものとするためには、目標管理を本来の目的である組織マネジメントを高める手法として正しく運用しなければならない。目標管理を機能させるには、次の4つのことが制度を運用するなかで実現されなければならない。

①**自己管理（自律性）**

「第5章　目標管理の知識」のなかで話したように、「目標管理」ではなく「自己目標管理（自己管理による目標管理）」でなくてはならない。ドラッカーは、目標が人を動機づけるのではなく自らの仕事を自ら管理することが人を強く動機づける、と言っている。そうなのだ、上から押し付けられた目標で職員が動機づけられるわけがないのだ。「こういうことを実現したい」と思って自分で立てた目標であって初めて職員は動機づけられ、モチベーションが高くなり創意工夫して全力で取り組むのだといえる。

②ボトム・アップのコミュニケーション

　日常の行政組織は、ボトム・アップで事務・事業・施策が積み上げられて動いている。つまり行政の意思決定システムは、ボトム・アップ＆ダウンであってこそ有効に機能する。住民や地域の状況やニーズ、課題に対応した行政を行うには、それらを一番よく知っていて仕事に精通している第一線の職員の意見を汲み上げることが不可欠だからだ。また、これは①自己管理（自律性）を実現するためにも必要である。

③目標連鎖（整合性）

　目標連鎖（整合性）とは各職位の目標が鎖のようにつながっている、つまりお互いに整合性があることをいう。各目標に整合性がなくバラバラな状態では、組織として力を結集できないのはいうまでもない。係長→課長→部長と意見がボトム・アップで汲み上げられるコミュニケーションの仕組みがあって、それと組織全体の方針から係長、課長、部長がそれぞれの役割（守備範囲）に応じて目標を設定する。そのうえで再度、それぞれの目標設定に行き違いや矛盾がないかを確認し目標を確定する。そのような目標連鎖（整合性）を実現する仕組みがミーティングや面談といった形で制度化されていなければならない。

④マネジメント・サイクルを回す

　マネジメント・サイクルとは、PLAN（計画）→DO（実行）→SEE（評価）を回して継続的に目標達成に向けて活動することだ（PLAN→DO→CHECK→ACTION という言い方をすることもあるが内容は同じ）。目標を設定して、実行して、結果を評価する。それで終わるのではなく、達成できなかった目標について、その原因を分析し対策を検討し、次の計画に盛り込む。このような継続的な取り組みなくして組織目標を達成することはできない。特に行政組織では、このマネジメント・サイクルを回して次年度へつなげる仕組みを組み込んでおくことが不可欠だといえる。

■**目標管理の岸和田市モデル**

　目標管理を有効に機能させるためには、どのような制度にすればよいのか。それは、単に目標を使った組織管理というイメージの「目標管理」をドラッカーがマネジメントの哲学だとする「自己目標管理」に変えること。人を強く動機づけ、持てる力を最大限に発揮させ、仕事のビジョンと行動に共通の方向性を与えチームワークを発揮させる「自己目標管理」を実現することだ。

　ここで「目標管理」を「自己目標管理」に変えようとする岸和田市の試みを紹介しよう。岸和田市も当初は業績の評価手法ということだけで目標管理を導入した。しかし、それでは有効に機能せず、職員の多くが「やらされ感」を持つだけだとすぐにわかった。そして、導入2年目に大きく制度を手直しすることとなった。それを後押ししたのは職員の声だ。職員から寄せられた意見・アイデアをもとに実務に役立つ制度づくりをめざした1つのモデルとして見ていただきたい。

　岸和田市では、**図表15**に示したようにシート1「組織目標設定シート」（**図表16**）とシート2「個人目標管理シート」（**図表17**）の2枚のシートを使っている。先ず部長、課長、担当長が全体の方針や組織目標をもとにそれぞれシート1を作成する。つまり自分の役割と仕事の目標を考えるのだ（自己管理）。その作成過程で部長と課長、課長と担当長がミーティングを持ち、現場の意見のボトム・アップをはかり何が組織の重要課題なのか優先順位はどうなのかを具体的に話し合う。もちろん、このなかで目標の整合性をチェックする。そして、話し合いをもとにお互いのシート1を修正して確定する。その後に、シート1の重要課題（目標）をシート2に落とし込んで個人の目標を設定し、最終的に面談で再度内容と各目標の難易度・ウエイトを確認して個人目標が確定されることになる。目標設定にあたってはこのような流れで2枚のシートを作成するのだが、実はシート1の作成過程が「目標連鎖」を実現させる仕掛けなのだ。

　個人の業績を評価することだけを目的とするならシート1は不要である。個人目標の評価シートであるシート2だけあればよい。事実、評価することだけを目的に目標管理を導入した自治体ではシート1を使っていないことが多い。

第7章　目標管理による業績評価（岸和田市モデル）

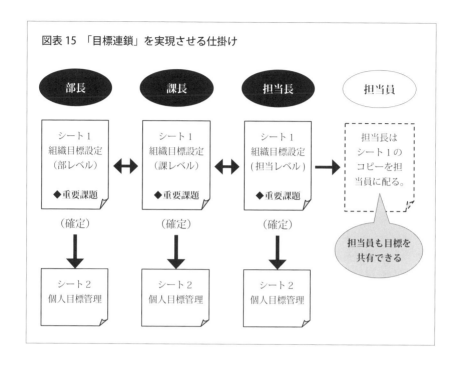

図表15　「目標連鎖」を実現させる仕掛け

　だが、先ほど見たように、ミーティングを持ってシート1を作り込む過程で共通認識が生まれ「目標連鎖」を実現することができるのだ。シート1を使わないということは、「目標連鎖」を実現する仕掛けを持たないということである。そのような目標管理が機能せず運用が行き詰るのは当然だといえる。

　また、考えてみれば組織内で方針や目標を共有しないで各々が思い思いに設定したバラバラな目標にどれだけの価値があるだろうか。そのような目標を達成したとしても、それが組織に貢献した業績（成果）だといえるのだろうか。

　繰り返しになるが、目標管理はもともと組織マネジメントの手法なのだ。まず、目標管理がマネジメント・システムとしてきちんと動くようにしなければならない。そして、組織内で目標を共有し仕事の方向づけが与えられることで職員一人ひとりが仕事に意味とやりがいを感じられるようにすることが必要だ。そうでなければ職員は「やらされ感」を持つだけであり、モチベーション

図表16

シート1 組織目標設定シート

所属	役職名	氏名	確認日	第2次考課者
市民公益人事課	課長	鈴木 大介	5月19日	泉井 一郎

組織の方針の確認、課題の発見と整理

A. 組織の方針（使命）	B. 主要施策・事業	D. 組織の課題
組織の基本方針または使命	総合計画・行革大綱などで位置づけられているもの	◆重要課題 ◇一般課題として整理する
市行政組織の最大限の力を発揮するよう、人的資源の確保、開発、活用を総合的に実施する。	○人件費の適正化 ○人事考課制度の試行実施 ○職員研修の改定・充実 ○人事考課システムの活用と充実 ○職員厚生事業の充実 ○職員評価の充実 ○市民への情報提供の充実	◆人件費の適正化 ◆人事考課制度の試行実施 ◆職能評価体系の改定・充実 ◆福利厚生事業の見直し ◆全庁的な時間外勤務の縮減 ◇女性職員の管理職への登用・職域拡大 ◇昇格運用の明確化 ◇庁内ショートステイ、ワークシェアリングの検討 ◇土曜講座の継続実施 ◇自己申告制度の実施 ◇障害者人事制度の検討 ◇布宮保任制度の検討 ◇セクハラ防止のための体制整備 ◇職員会館の施設改修 ◇職員相談の継続実施 ◇課内会議の定例化

今年度の目標設定（担当業務を中心に）

E. 重点目標項目	F. 価値指標			G. 設定理由： どのようなニーズに基づくのか どのような成果をめざすのか
D. 重要課題のうち今年度取り組むものを優先順に	市民経済性	経済効果	職員満足	
1. 適正な給与水準の維持	○			人事院勧告の内容、他団体の状況などから適正な給与水準を検討し、所内の合意を得て職員体に必要な改定を検討。年度末までに必要な条例・規則の改正を行う。
2. 人事考課試行の継続実施		○		人事考課の本格導入のための試行2年目とする。一般職員を対象に実施する。運用実績を検証して、必要な改定を行う。また、評価データを分析して運用面の向上につなげる。
3. 職能評価の改革・充実		○		人事考課のコンピュテンシーに対応できる力型体系への移行を選択できるキャリア型体系への移行を選択し、評価体系の見直し、改善を実施する。また、ユニバーサル評価等の内容の充実を図り、事業の効率化を図る。
4. 福利厚生事業の見直し			○	しらべる会見実部、試行を継続するとともに、各種の厚生事業内容の見直し、実施方法などを検討し、事務の効率化を図る。
5. 全庁的な時間外勤務の縮減		○	○	時間外の削減と女性職員の働きやすい職場づくりを進めるため、時間割判別とヒアリングを継続実施し、時間外勤務を縮減する。
6. 女性職員の管理職への登用	○		○	部課長に人事異動の基本方針を示し、そのなかで女性職員の積極的な登用を図ることとする。人事課長とのヒアリングで女性職員が少ない職場の状況を把握し、特別な理由がない限り女性職員を登用していく。
7. 昇格体系の明確化		○		人事考課の評価結果の昇格管理への反映に向けて、評価結果データを分析・評価するとともに、他団体などの昇格管理の状況を調査し、制度運用をまとめる。
8. 庁内ショートステイ、ワークステイの実現			○	本格人事管理制度をめざして、新たに短時間の内発出所制度を実施し、運用面の所管庁職員の交流を図る。

役割分担

公課室長	H. 人事担当係長	給与担当	福利担当
	○		
	○		
	○		
			○
	○		
	○		
	○		
	○		

C. 緊急課題・懸案事項（内外の諸要因を含む）

○女性職員の管理職への登用・職域拡大
○職員会館などの施設改修
○メンタルヘルス対策

第 7 章　目標管理による業績評価（岸和田市モデル）

図表 17

シート2　個人目標管理シート

所属	市長公室人事課	役職名	参事	氏名	鈴木 大介				面談日 5月19日 10月13日 1月25日		第1次考課者 泉州 一郎		

	目標設定面談		難易度		中間面談			考課面談		達成度		ウエイト (%)	考課点
職務目標	目標 ①いつまでに ②どこまで（成果） ③どのように（方策）		本人	2次考課者	進捗状況	達成状況・基準の変更		達成基準の①②③に対応	達成度確認	本人	2次考課者		
1. 適正な給与水準の確保	①平成22年12月中に ②給与条例改正の条例化 ③市内合意の形成と職員団体との交渉、協議		A2	A2	1 順調 ②ほぼ順調 3 やや遅延 4 かなり遅延 5 達成困難	人事院勧告の内容を検討中		①平成22年12月16日に ②給与条例改正案が議決 ③労使交渉を経て、条例改正案を提出		A	A	[15]	11
2. 人事考課制度の継続実施	①平成23年3月31日までに ②一般職員（事務・技術）まで対象を拡大しての能力評価を実施し、結果のフィードバックを行う。管理監督者の2回目の能力評価を実施する。4～5月に課長評価者研修、新任職場長研修、10月下旬に職業設定研修、評価研修を開催		A1	A1	①順調 ②ほぼ順調 3 やや遅延 4 かなり遅延 5 達成困難	4/16 所属長当方目標設定面談実施済み 4/22～5/12 能力評価者研修実施済み 10/28～11/5 職業設定研修実施済み		①平成23年3月31日までに ②予定通りに実施完了の見込み ③10/18～29 評価研修後に実施された能力考課シートの評価結果を整理中 3月上旬アンケートを実施予定		A	A	[30]	24
3. 職員評価の改革・充実	①平成23年3月31日までに ②平成23年からカフェテリア型研修に移行する内容を完了する。③研修体系を見直しカフェテリア型研修のうち、コンピテンシーに改組する。実施方法ポイント制で育成設計する。ユーチング研修を人事課課長級を一斉に入れた内容として実施する。		S1	S1	1 順調 ②やや遅延 3 かなり遅延 4 達成困難	8/7 課長級職員を対象に上級講師としてコーチング研修を実施済み		①平成23年3月31日までに ②カフェテリア型研修への移行順序を完了する予定 ③コンピテンシーへの対応も含めた関係科目の見直しは終了ポイント期の設計作業を実施ている		A	A	[20]	18
4. 福利厚生事業の見直し	①平成23年3月31日までに ②えらべる倶楽部、試行を検討する。各種の厚生行事の必要性、実施方法を検討する。事務の効率化を図る ③職員アンケート結果や近隣市の状況をもとに職員組合と協議したうえ、厚生会運営委員会で来年度事業を決定する。		A1	A1	1 順調 ②やや遅延 3 かなり遅延 4 達成困難	6月に厚生全事業について職員アンケートを実施済み 近隣市の状況を現在調査中		①平成23年3月31日までに ②厚生会の一部事業の見直しを決定する予定 ③11月の交渉時に職員組合と協議、現在も継続協議中、3月の厚生会運営委員会に見直した来年度事業案を提出する予定		B	B	[15]	11
5. その他（通常の管理業務を含む）	(自由記入) 5月、9月さわやかサービス運動実施済み		B2		(自由記入)			(自由記入) 10月中にハラスメント運動実施済み 1月中に人事異動基本方針を策定し各部長に決裁を得る予定		A	A	[25]	16

				考課点合計	80

83

は上がらず仕事の成果も得られない。

まずは目標管理を組織をマネジメントするための制度としてきちんと運用することが必要であり、制度が動かなければ何も始まらない。それができた後に、結果として得られる業績の評価をどう使うかを考えればよい。人事評価としての活用はあくまでも2次的なものだと考えるべきだ。

■現場の実務に役立てる

PLAN（計画）→ DO（実行）→ SEE（評価）のマネジメント・サイクルをうまく回すというのも、目標管理を運用するうえでの重要なポイントだ。岸和田市では、下記のような年間スケジュールで運用している。

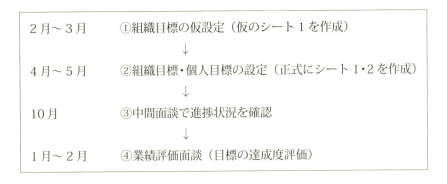

岸和田市の運用スケジュールの特色は、2月～3月に次年度の目標管理がスタートすることだ。部長と課長は（担当長は除く）、1月の中下旬の次年度予算の内示と1月～2月の当年度の業績評価面談をもとに次年度の組織目標を仮に設定する（仮のシート1を作成）。これは、退職・異動によって交代がある場合に前任者が後任者に仮のシート1を引き継ぐためだ。

4月に新しい管理職ポストに異動になったとき、前任者から簡単な引継ぎを受けても仕事の状況を把握するまでに相当な時間がかかる。どの事業から着手してどう進めていけばよいのかわからない状況に置かれるのが通常だ。しかし、前任者から仮のシート1が引き継がれれば、組織の方針と重要課題がわか

り、どの事業からどのようなスケジュールで進めていけばよいのかが簡単にわかる。多くの部長、課長から「引き継ぎ書よりも、仮のシート1の方がよほど役に立つよ」という声を聞く。私も管理職として数回の異動を経験し、仮のシート1が本当に実務上で役に立つことを実感した。

　実は、このような制度運用の工夫が実務上ではとても重要なのだ。組織として事業の継続性をはかるというだけでなく、担当する職員にとって役立つことが必要なのだ。実務に役立たなければ、職員が「やらされ感」を持つのは当然だ。シートの作成にも力が入らないし、そのうち目標管理の運用も行き詰ってしまう。制度を運用するには、「組織としてどうか」ということと同時に「職員にとってどうなのか」ということも忘れてはならない。

■業績評価制度としての運用は

　岸和田市に人事評価制度を導入するにあたっては、能力評価は「簡易コンピテンシー評価」を、業績評価は「目標管理」を使うという方針で制度開発に取り組んだ。民間企業で業績（成果）の評価手法として目標管理が広く使われており、一部の自治体でも既に導入されていたからである。その当時、目標管理は客観性の高い評価方法だといわれていた。業務について具体的な目標を立てて達成度で評価するのだから、主観が入る余地が少ないというのだ。実は私も最初はそう思い込んでいた。しかし、実際に目標管理による業績評価制度を運用すると、評価の客観性に問題があることがわかった。それは評価者の主観が入るのではなく、目標そのものや難易度の判断に本人の能力と主観がそのまま反映されてしまうのだ。

　目標管理による業績評価では、個人目標の設定時に各目標に「難易度」と「ウエイト」をつけ、それと期末に面談で確認される目標の「達成度」で評価を決定するというのが一般的だ。だが、この「難易度」に制度としての大きな欠陥、落とし穴があるのだ。

　有能で仕事がよくできる職員Xと仕事ができない職員Yがいるとする。当然だがXはレベルの高い目標を立てるが、Yは簡単なレベルの低い目標しか

立てられない。次に、その目標の「難易度」を判断することになるが、ここで問題が発生する。

　能力の高いXの目標はレベルが高いが、X本人にとっては「少し努力すれば十分に達成できる目標」だから難易度は2番目の「A」レベルと判断することになる。一方の仕事ができないYは、第三者が見るとレベルの低い簡単な目標なのだが、本人のYは「相当な努力をしないと達成できない目標」だと思っているので難易度は1番上の「S」レベルと判断してしまう。

　もちろん上司との面談で難易度が決定されるのだが、部下にきちんと難易度の判断基準を説明して修正させられる上司はさほど多くない。また、難易度の判断基準がマニュアルなどで一応示されていても、解釈する人に能力の差があれば当然に判断は異なってくる。

　しかも、Xの目標はレベルが高いだけに実際に達成するのは難しい。反対に「S」レベルとされたYの目標は、実際は簡単な目標なのでたやすく達成できる。その結果、評価はどうなるかというと、仕事ができるXの評価が低く、仕事ができないYの評価が高いという結果になってしまうのだ。

　岸和田市では、このような難易度判断の誤差をなくす努力をいろいろしてきた。制度的には「難易度の判断基準」だけではなく、個々の目標を当てはめながら判断するための「難易度の決定チャート」も作成した。また、導入時から目標管理研修を繰り返し実施してきた。さらに、「S」ランクの目標を庁内LAN上で公開し難易度の全庁的な共通認識をつくるという試みも行ってきた。しかし、この難易度判断のバラツキは現在も解消できていない。

　「そうは言っても、こんなのはごく稀なケースで例外ではないのか」と思われるかも知れない。だが、実際に制度を運用した担当者として、これが「稀にしか起こらない例外的なケースではない」ことは断言できる。

　評価結果を勤勉手当に反映させている団体では、この不公平がそのまま処遇に反映されていると考えられる。「公正な処遇の実現」のはずが、これまで以上に不公平な処遇をつくり出している可能性が極めて高いのだ。

　実際に評価結果を勤勉手当に反映させている自治体の人事担当者に会って運

用状況について尋ねたら、やはりこのようなダメ職員の方が有能な職員よりも手当が高くなってしまうという怪奇現象が起きており悩んでいるとのことであった。

　目標管理を使った評価にはこのような問題があることを認識したうえで、その評価結果をどう活用するかを考えなければならない。そうでないと、自治体でも民間企業と同じ失敗を繰り返えすことになるだろう。

■まとめ

　目標管理はまず本来の目的である組織マネジメントを高めるために正しく運用されなければならない。そうでないと「評価」以前の問題として制度自体の運用が行き詰ってしまう。また、目標も「評価」のためだけの意味のないものとなってしまう。「評価のための評価」には何の意味もない。

　目標管理を正しく機能させるには、次の4つを実現することが必要である。

①自己管理（自律性）
②ボトム・アップのコミュニケーション
③目標連鎖（整合性）
④マネジメント・サイクルを回す

　目標管理による業績評価（岸和田市モデル）は、単なる「目標管理」ではなく組織マネジメントを高める「自己目標管理」を実践している。上記の①〜③を実現するために、ボトム・アップをはかるミーティング・面談を行ったうえで「組織目標設定シート」と「個人目標管理シート」の2枚のシートを使い「目標連鎖（整合性）」を実現している。また、④を実現すると同時に実務上も役立つようにするため目標管理の実施スケジュールを工夫している。

　実際に運用してみると、目標管理は評価手法としての客観性は低い。それは目標設定時の「難易度の判断」が多分に職員の能力・主観に影響されるためで、様々な工夫や研修をしても解消するのは難しい。

目標管理による業績評価の評価結果は、ダイレクトに何かに反映できるほど精度の高いものではない。勤勉手当などへ直接的に反映させると「公正な処遇の実現」のはずが、これまで以上に不公平な処遇をつくり出すことになる。そのことを認識したうえで評価結果の活用を考えなければならない。

第8章　人事評価制度の開発と運用

　基礎知識と岸和田市の制度紹介が終わったので、次に実際に人事評価制度を開発し運用するに際してのポイントについてお話したい。人事担当者に向けて話すようなスタンスになってしまうが、人事担当以外の人にもぜひ読んでいただきたい。きっと「なるほどなあ！」「やっぱり、そうなんや！」「そうすべきだ！」と共感いただけることだろう。そして、新しい人事評価のあり方を考えるうえで大いに参考にしていただけると思うからだ。

■能力評価制度の開発

　能力評価制度を開発するに当たっては、まず「処遇管理型（20世紀型）」と「人材育成型（21世紀型）」のどちらにするかを選択することが必要だ。つまり給料・手当の査定を目的とする制度にするのか、あるいは職員の能力開発を目的とする制度にするのか、を決めなければならない。

　これは二者択一で、両方を目的とするという選択肢はないと考えるべきだ。なぜなら、これまで見てきたとおり両者はまったく反対の考え方から出発し、あらゆる場面で運用が異なってくるからだ。二兎を追う者は一兎をも得ずという諺があるが、処遇管理型と人材育成型の二兎を追えば中途半端で矛盾だらけの制度・運用になって失敗することになる。

　「処遇管理型（20世紀型）」か「人材育成型（21世紀型）」かを選択したら次は具体的な制度の開発ということになるが、当然だが「人材育成型（21世紀型）」を選択したという前提で話を進めることにする。

①「わかりやすい制度に」が基本

　制度設計のポイントは、何と言っても職員が能力開発に活用できる「わかりやすい簡単な制度」、つまり「できるだけシンプルな制度」にすることだ。能力を開発するのは評価する上司ではなく、一人ひとりの職員（本人）だ。だから、職員が自分の能力開発に活用できる制度であることが絶対条件となる。

　また、評価するのに時間がかかる複雑な制度では評価者や職員本人に大きな負担となる。職員が「やらされ感」を持たないようにするためにも、評価基準や評価方法はできる限りシンプルなものにしておくことが望ましい。

②**行動指針となる評価基準に**

　その評価基準だが、評価項目とその内容（着眼点といった判断の基準となる行動記述）については、職務の遂行に必要な行動（能力）をわかりやすく示すものであることが求められる。なぜなら評価基準は「単なる評価の基準」ではなく、職員にとって「行動指針（規範）」となるものだからである。

　特に、評価項目の決定に際しては従来から上司の主観が入りやすく問題があると指摘されていた積極性・協調性・責任感・規律性といった「情意（態度）評価」の項目は極力排除しなければならない。

　例えば「職場の規則・ルールを守る」ことは、情意評価では「規律性」の程度はどうかという観点で見るため評価者の主観が入った人物評価になるおそれが多分にある。そうではなく、職務上での「チーム貢献」にかかわる行動という位置づけで見るようにすべきだ。規則・ルールを守ることが大切なのではなく、チームに貢献しているかどうかが評価されなければならないからだ。評価基準づくりは、こういう観点で取り組むことが必要だ。

　ちなみに、岸和田市ではアメリカのコンサルティングによって整理されたコンピテンシーや先行自治体の評価項目を参考にして「職務上で必要と思われる行動」を拾い出し、そのなかで特に「岸和田市の職場で重要な行動」はどれかを職員にアンケートし、その結果をもとに決定している。

③評価方法はシンプルに

　評価方法については、とにかくシンプルにすることだ。基本的には3段階の評価にすべきだ。同志社大学の太田肇教授は著書『日本人ビジネスマン「見せかけの勤勉」の正体』のなかで急成長するメガネ会社「21（トゥーワン）」における社員のモチベーションを高める試みを取り上げるなかで、「評価はアバウトに」という考え方で社員を評価していることを紹介している。「アバウト」と「不正確」とは混同されやすいが、全く違う。正確にすべきなのにそうでないのが「不正確」なのに対して、「アバウト」はそもそも正確さを想定していないことだとする。そのうえで、チームで仕事をすることの多い日本では5段階以上の基準に正確にあてはめて評価することは不可能であり、人間の認知能力からいって評価は3段階くらいが適当だとする。この「アバウトな評価」という考え方は実に面白い。そして現場と人間を深く考察するなかから生み出された現実的なアイデアだと思う。

　また、太田教授は近著『組織を強くする人材活用戦略』のなかでも評価方法について次のような見解を示している。知識の量や正解のある問題解決能力、モチベーションの「量」が重要だった工業化社会と違って、21世紀の脱工業化社会では創造性や革新性、感性といったつかみどころのない能力、モチベーションの「質」が重要になる。だが、それらを評価することは難しく、評価そのものの限界を意識しておいた方がよい。正しく評価しようとして評価が細かくなるほど、返って評価は不正確になる。また、細かくて主観的な評価は社員を委縮させ「やらされ感」をもたらす。個人の職務が明確に定義されている欧米の企業でさえ、一流企業のなかには実質上3ランクで評価しているところが多い。人の認知能力を考えると「標準より上」「標準」「標準より下」の3ランクくらいの評価が妥当だといえる、というものだ。

　私は実際に何年も部下を評価してきた経験があるが、その経験からしてもこの太田教授の見解を支持する。岸和田市では、対象となる行動が「a（よく見られる）」「b（たまに見られる・わからない）」「c（ほとんど見られない）」の3段階で評価している。

人事担当者のなかには、「そんなことをしたら中心化傾向が起きるのでは」と心配する人がいる。「中心化傾向」とうのは、a、b、cの3段階評価でいえば部下への評価が真ん中の「b」に集中して差がつかないことをいう。勤務評定の時代から評価者研修で「評価するうえで避けなければならないこと」とされている。しかし、なぜ「中心化傾向」が起きてはいけないのだろうか。それは職員の評価に差がつかないと給与の査定に使えないからだ。給与査定を目的にしないのなら「中心化傾向」が起きても何の問題もない。むしろ、無理に差をつけるような歪んだ評価をする方が問題ではないだろうか。評価の目的は職員に能力開発のための「気づき」を提供することだ。細かいが不正確な評価より、歪みのないありのままの「アバウトな評価」の方がよほど役に立つといえる。

■能力評価制度の運用

能力評価制度の運用を考えるに当たって重要なのは、この制度を使って何をしようとするのかを明確にしておくことだ。

こう言うと、「それは能力開発に決まっているじゃないですか」と言い返されそうだ。そのとおり、能力評価の役割は職員に「気づき」を提供し「自学」を促すことであり、その目的は職員の能力開発だ。だが、私の言う「何をしようとするのか」とういのは、そういう抽象的な話ではない。この能力評価を使ってあなたの自治体の職員と職場をどう変えていくのか、職員が「自学」に取り組みやすい環境づくりをどう進めるのか、ということだ。

ここでのポイントは、①面談、②情報公開、③職員研修との連携、の3つだ。

①面談

面談を実施するうえで大切なポイントは、どこかの「人事評価マニュアル」に書かれているような「評価結果を本人に開示し、次期の業務遂行に向けて指導、助言する」といった上から目線の面談をしないことだ。上司が部下に一方的なティーチングをする面談では職員の自発性は育たないし、「気づき」も生まれない。「気づき」は上司から与えられるものではく自分で得るものだし、「自

学」も上司から指導されてするものではない。

　序章でお話したように、職員は自分で育つものだ（自育）。また、能力開発の基本は「自学」であり、その出発点は「意欲」「気づき」「自発性」だ。能力開発の主役（主体）は職員本人なのであり、それを支援するのが上司の役割だといえる。上司に求められるのはティーチング（一方的な指導・助言）ではなく、コーチングでありカウンセリングだ。

　職員に人事評価制度について尋ねると、真っ先に返ってくるのが「面談で上司と話す機会ができたことがよかった」という声だ。「ふだん話をする機会がない上司に仕事への思いや人事についての希望を聴いてもらえた」「意見交換するなかで上司の考えや立場が理解できた」、それがよかったと言うのだ。つまり、職員は評価結果について話すだけでなく、もっと広い意味での「上司とのコミュニケーションの機会」になる面談を期待しているのだ。

　言い方を変えれば、「上司と部下のよいコミュニケーションの機会」となった面談が成功しているのだといえる。そして、このような面談であって初めて職員の「意欲」「気づき」「自発性」が生まれるのだ。

②情報公開

　評価結果が本人にすべて公開されなければ、「気づき」は生まれない。従って、評価シートは、そのまま本人に返却しフィードバックされなくてはならない。「S　特に優秀」「A　通常より優秀」「B　通常」「C　通常より物足りない」「D　はるかに及ばない」などといった全体標語が告げられても、それには何の意味もない。評価者である上司があなたのことをどう思っているかというだけのことだからだ。具体的な評価基準（着眼点）ごとのすべての評価結果が知らされないと「気づき」は生まれない。

　また、本人の評価結果だけでなく、平均点は何点だったかといった全体の評価結果も公表されなければならない。例えば評価シートが返却されて最終の評価が75点だったとしよう。この75点が良い評価なのか悪い評価なのかは、全体の評価がどうだったのかがわからないと判断できない。全体の平均点

が78点だったとすれば平均以下の評価だったといえるし、平均点が72点だったのなら平均以上だったということになる。平均点が何点で、分布はどうなっているのかといった情報も知らされる必要がある。

　同じように、人事評価制度について職員アンケートを実施した場合には、その結果を公表することも職員に制度の運用状況を知らせるという意味で重要だ。可能な限り情報を公開することは職員の信頼と納得を得ることにつながる。また、人事評価制度を職員と一緒に改善し育てていくうえでも重要となる。（岸和田市では、市のホームページに職員の評価結果、職員アンケート結果を掲載し公表している）

③職員研修との連携

　「処遇管理型（20世紀型）」の発想では、能力評価は個々の職員の「能力の評価」に過ぎない。しかし、「人材育成型（21世紀型）」の発想で見ると、個々の「能力の評価」であると同時に「組織構成員の能力リサーチ（調査）」という意味を持つ。多大な時間と労力をかけて全職員を対象に年1回行う「全庁的な能力調査」なのだ。コンサルティング会社に調査を委託したら、組織の規模にもよるが数百万円〜数千万円の費用がかかるだろう。能力評価の結果は、そのような意味をもつデータだといえる。この能力評価の結果を分析して職員研修の企画などに活用すれば、より効果的な研修が実施できる。

　しかし、この能力開発にとって貴重なデータがまったく活用されていないのだ。なんという「もったいない」ことをしているのだろう。いろいろな「行政のムダ」が批判されているが、これこそ「行政のムダ」の最たるものだ。個々の職員レベルの活用だけでなく、組織レベルでの活用を考える必要がある。

　ついでに個人レベルでの活用方法の例として岸和田市の「職員研修計画」を紹介しておこう。「変革力」「市民満足志向」「コミュニケーション」などの評価項目のコンピテンシーを強化するにはどの研修を受講すればよいかが表示されている。これを見て「変革力」コンピテンシーを強化したいと思ったら、それに対応している研修を受ければいいのだ。これは職員の「自学」を支援する

試みの１つだが、このような人事評価と職員研修との連携も必要だろう。（岸和田市の「職員研修計画」は市ホームページに掲載されているので、ぜひご覧いただきたい）

■業績評価（目標管理）制度の開発

「第７章　目標管理による業績評価（岸和田市モデル）」で説明したとおり、目標管理を機能させるためには①自己管理（自律性）、②ボトム・アップのコミュニケーション、②目標連鎖（整合性）、④マネジメント・サイクルを回す、の４つを制度のなかで実現させることが必要だ。

このうち①自己管理（自律性）、②ボトム・アップのコミュニケーション、③目標連鎖（整合性）を実現するための仕組みは、評価シートとその作成プロセスを設計するときに十分検討して制度に組み込んでおかなければならない。

具体的に言うと、評価シートは「組織目標設定」と「個人目標管理」の２枚のシートを使うことをお勧めする。人事評価制度は職員が活用しやすいように可能な限りシンプルなものにしておくことが大切だが、こと目標管理に関してはこの部分を簡略化１枚のシートで済ませようというのは機能を損なう「手抜き」になってしまう。組織目標の設定がマネジメントを大きく左右するからだ。この部分だけは手抜きをせずに十分に手間をかける必要がある。

また、④マネジメント・サイクルを回すに関しては、年間スケジュールを作成する際に事業の継続性と実務上の有用性をどう確保するのかを検討しておくことが必要である。特に実務上で役に立つというのは、制度が職員に活用されるために不可欠な条件だ。制度をうまく運用するには、このような細部にも注意を払う必要がある。

■業績評価（目標管理）制度の運用

目標管理を機能させるうえで最も重要なのは、最初の目標設定の段階である。業績評価（目標管理）制度をうまく運用するためには次の３つのことがポイントとなる。

①**目標設定に時間と労力をかける**

　目標管理の運用では期初の「目標設定面談」、期中で進捗状況を確認する「中間面談」、期末に目標の達成度を評価する「業績評価面談」の３回の面談が考えられる。目標管理の運用では、何と言っても期初に実施する「目標設定面談」が最も重要であり、ここに多くの時間と労力をかけておくことが大切だ。ウエイトをつけるとすれば、目標設定面談：中間面談：業績評価面談＝７：１：２ぐらいの割合になるだろうか。極端な言い方をすれば「目標管理の成否は目標設定で決まる」といえるだろう。

　目標設定面談の７という割合は、もちろん面談の前段階のミーティングなども含めたものだ。目標管理の目的は組織目標を達成し成果を生み出すことであり、評価することが目的ではない。そして、生み出される成果は、どのような目標を設定するかによって大きく左右される。従って、目標を設定する段階が最も重要だといえる。

②**十分な目標設定研修が不可欠**

　実際に目標管理を運用して最初につまずくのが目標設定だ。管理職の多くが、きちんと目標を設定できないのだ。目標は「実現する具体的な成果」を書かなくてはいけない。しかし、それが書けないのだ。成果を書かずに「方法」を書いてしまう人が多い。

　例えば、職員研修について「受講したい研修が少ない」「職員のニーズに合っていない」とう声があり、全面的に見直して改革することになったとする。この場合は、「職員研修の改革」を目的としなければならないのだが、「職員研修の見直し」と書いてしまうことが多い。「見直す」のは手段であって成果ではないからだ。

　ただし、見直した結果によって改革するかどうか未定で、改革は次年度以降の課題であるというときがある。そのような場合は「職員研修の見直し」を目標としてもよいが、目標としては「職員研修改革の検討結果報告書の作成」あるいは「職員研修改革案の作成」といった年度内の具体的な成果を書くように

しなければならない。

　目標管理による実績評価制度の導入時には、目標管理の正しい理解と目標設定の研修を十分にしておく必要がある。また、導入後も運用が軌道に乗るまでの数年はフォロー研修などを継続して実施することが望ましい。これを怠ると組織マネジメントは向上しないし、目標管理は形骸化して「評価のための評価」になってしまう。

③総合計画などとのリンクをどうするか

　もう1つ運用上で注意しなければならないのが、目標管理と総合計画の進行管理や事務事業評価などとリンクさせるかどうかの問題だ。目標管理の運用に悩む人事担当者からよく相談されることがある。コンサルティングなどを使って目標管理を導入したときに、「目標管理と総合計画、事務事業評価をリンクさせ総合的管理システムを構築しましょう」などと言葉巧みに勧められるからだ。だが、業績評価として実施する目標管理は個人レベルで日常業務も含めた仕事を単年で管理するものであり、セクション単位で政策や主要施策の進行を経年で管理する企画部門が実施する目標管理（総合計画の進行管理）とは異なるものだ。

　もちろん組織目標（成果）を達成するために職員力を結集するマネジメントの実現が目標管理の目的だ。そのためには総合計画などとの整合性をはかることが当然必要となる。しかし、それはシステム化して機械的に行うようなことではない。組織計画との整合性は目標設定時のミーティングや面談で議論し合意形成と共通認識をはかるなかで実現されるべきものなのだ。

　一部分だけを見ると同じようなシートを作成し重複するムダな作業をしているように思えるが、総合計画などの進行管理と目標管理による業績評価とでは、目的と対象がまったく異なるのだ。リンクを検討するのはご自由だが、私はお勧めできない。

　最近、立て続けに業績評価（目標管理）の運用がうまくいかなくて困っているという相談をいただいた。いずれの自治体も「目標管理は企画担当課で、業

績評価は人事担当課で実施している」のだと言う。詳しく話を伺うと、目標管理は企画部門の課が担当していて各課単位で「組織目標シート」を作成して提出することになっている。人事担当課は業績評価として管理・監督職に「個人目標シート」を作成してもらいそれで評価している、とのことだった。「目標管理と業績評価の分離型」とでも呼んだらいいのだろうか。先ほどの「目標管理と総合計画とをリンクさせた総合管理システム」をしようという話だ。

　この運用がうまくいかないのは当然のことだ。企画担当課の目標管理は「政策の管理」であり、人事担当課で受け持つ業績評価は「仕事の管理」なのだからリンクしないのが当たり前なのだ。現場を知らないコンサルや研究者が机上で描いた「総合的管理システム」を盲信してはいけないと思う（本当にシステムとしてリンクさせるなら「政策の管理」と「仕事の管理」とを繋ぐ何らかの新しい仕掛けを創出することが不可欠である）。

■人事評価研修

　何度も繰り返すが、能力開発の基本は「自学（自主学習）」である。能力を開発するのは評価者（上司）ではなく個々の職員（本人）なのだ。一人ひとりの職員が主役であり、評価者（上司）は支援者つまり脇役なのだ。それなのに、評価者研修ばかりが実施され肝心の被評価者研修がほとんど実施されていないのがほとんどの自治体の現状だ。

　本当に職員の能力開発のために人事評価を実施するなら、主役である職員への「被評価者研修」がきちんと行われなければならない。そもそも、この「被評価者研修」という呼び方も問題だ。上司が主役で部下の職員は評価される対象（客体）とする上から目線の呼び方だ。それに課長にしても評価者であると同時に、上司の部長から評価される被評価者でもあるのだ。研修の呼び方は管理職を対象にした研修も、一般職を対象にした研修も「人事評価研修」という名称でいいのではないだろうか。

　研修の名称はさておき、管理職にも一般職にも本書の内容のような人事評価制度の目的や考え方、制度理解に必要な知識、評価結果の活用の仕方などの研

修を最初に実施しなければならない。制度を理解していなければ職員は「やらされ感」を持ち、運用がたちまち形骸化してしまうのは目に見えている。

①一般職員の人事評価研修

「自学」による能力開発が期待されるのは、特に若手中堅の一般職員だ。彼らが人事評価制度の主役だといってよい。人事評価研修も、まず一般職員に制度の目的、考え方など制度理解を深める研修を十分に実施することがスタートだ。その後に自己評価や面談のあり方について考えてもらう研修を実施していくようにする。また、全体の評価結果の情報を提供し制度の運用を一緒に考えてもらう研修なども継続して実施するようにしたい。

制度の導入時だけでなく継続して研修を実施することが、制度のマンネリ化を防ぎ職員が育つ組織文化をつくっていくうえで重要だといえる。

②管理職の人事評価研修

部下の能力開発を支援する立場にある管理職にも、人事評価制度の目的や考え方、制度理解に必要な知識、評価結果の活用の仕方などの研修が必要なのは言うまでもない。

しかし、勤務評定の時代から延々と続いているような「評価の仕方研修」は意味がない。公平公正な評価をするために「ハロー効果、論理的誤差、対比誤差といった評価エラーに気をつけましょう」「中心化傾向や寛大化傾向は避けるようにしましょう」といった研修はまったく無意味だ。給料・手当の査定を目的に職員に「差」をつけるための「評価のための評価」をするには必要だろうが、「気づき」を提供する能力開発のための人事評価には必要ないからだ。

それより人事評価制度の基本的な理解とコーチングなどのコミュニケーション・スキルの研修の方にもっと力を注ぐべきだろう。

もう1つ、管理職には能力評価に関する研修と同時に目標管理（目標設定）の研修を実施することが重要だ。ところが理論的な解説はできても実践的な指導ができる講師が少ないこともあって、この目標管理研修が十分に実施されて

いない。多くの自治体で目標管理の運用がうまくいかない理由の1つがここにある。

しかし、考えてみれば管理職の本務は組織・仕事のマネジメントなのだ。そして、目標管理はそのマネジメントの手法なのだ。目標管理を機能させ組織のマネジメントを向上させようとするなら、目標管理の研修の充実が不可欠である。管理職の人事評価研修は、むしろ目標管理の研修を中心に据えるべきだろう。

■制度運用の透明性を高める

人事評価制度が職員に活用され有効に機能するためには、職員の信頼と納得が得られるかどうかが重要である。しかし、多くの職員は組織内の人事管理、人事担当に不信感を持っている。なぜなら、これまでの人事管理は職員からは見えないブラックボックスのなかで行われてきたからだ。人事担当が職員に人事管理に関する情報を公表しようとしないからだ。この秘密主義が人事への不信感の最大の原因だといえるだろう。人事担当は、このことを肝に銘じて大いに反省してほしい。

人事評価制度を職員から信頼され活用される制度にしようとするなら、全体の評価結果のデータや人事評価制度についての職員アンケートの結果などの制度運用に関する情報を職員に積極的に公表していくことが必要だ。

これについても岸和田市のホームページをぜひ見ていただきたい。人事評価の全体の評価結果のデータがすべて公表されている。また、職員アンケートの結果も掲載されている。職員から信頼される透明性の高い制度をめざすなら、面談で職員に個人の評価結果だけ知らせるのではなく、このような形で全体の評価結果や制度の運用状況を知らせることが必要だといえる。

■独自の制度づくりと運用を

自治体の状況はそれぞれに違っている。人口や歴史、地域性、財政状況も異なれば、組織の規模や文化、職員気質なども違う。特に、組織の規模（職員数）

によって組織文化と職員の意識は大きく異なる。つまり、「顔の見える組織」である中小規模の自治体と国や政令指定都市のような巨大な「顔の見えない組織」とでは、組織内の人間関係をはじめとして状況がまったく違うといえる。

　だから人事評価制度についても、これがベストだというものはない。国家公務員の人事評価制度は国の省庁ではベストかもしれないが、おそらくほとんどの自治体には合わないだろう。岸和田方式の人事評価制度も、岸和田市にとってはベストだとしても他の自治体にとってもベストかどうかはわからない。どの制度がベストなのかではなく、その自治体の組織と職員に合っている制度がベストなのだ。

　では、それぞれの自治体の組織と職員に合った人事評価制度をどのようにつくっていけばよいのか。それは、国（総務省）が決めることでも、首長や幹部職員がトップダウンで決めることでもない。人事担当が独断で決めることでもない。なかにはコンサルティング会社に委託して制度開発するようなケースも見かけるが、とんでもないことだ。コンサルティングは必要に応じて使ってよいと思うが、決して丸投げはしないことだ。

　自力で開発するにしても、開発を委託するにしても、どのような組織運営と職員集団づくりをめざすのかという明確なビジョンを持ち、目の前の組織と職員の状況を踏まえた制度づくりをすべきだ。そのためには、職員による検討委員会やプロジェクトチームを設置して取り組むという方法や、アンケートやインタビューによって職員の意識や組織の状況を把握し具体的な方向づけを行うといった方法などが考えられる。要は、自分の自治体の状況に合った本当に機能する制度をつくることが大切なのだ。

　そして、制度を導入した後も、人事担当は職員の意見や感想などに耳を傾けて制度を常に見直し改善していかなくてはならない。人事担当以外の職員は、人事担当に問題点や意見をどんどんぶつけて制度の改善を求めていかなくてはならない。なぜなら、人事評価を活用して能力開発するのは誰でもない職員一人ひとりなのだから。人事評価制度は、みんなで育てていくものだということを忘れないでほしい。

■まとめ

　能力評価制度の開発のポイントは、最初に「処遇管理型（20世紀型）」と「人材育成型（21世紀型）」のいずれにするか選択すること（二者択一）。あとは職員が自らの能力開発に活用できるよう、できる限りシンプルでわかりやすい制度にし、行動指針となるような評価基準をつくることである。

　次に運用上で重要なのが、この能力評価を使って職員が「自学」に取り組みやすい環境づくりをどう進めるかであり、そのポイントは次の3つだ。

①上司が部下を一方的に指導・助言する「上から目線」の面談ではなく、「上司と部下のよいコミュニケーションの機会」となる面談にすること。そこから「自学」につながる「意欲」「気づき」「自発性」が生まれる。
②個人の評価結果を本人にフィードバックするだけでなく、全体の評価結果や制度の運用状況についても積極的に情報公開すること。
③能力評価の結果は、「組織構成員の能力リサーチ（調査）」であり能力開発のための貴重なデータである。これを活用して職員研修の充実をはかること。

　業績評価（目標管理）の制度設計でのポイントは、①自己管理（自律性）、②ボトム・アップのコミュニケーション、②目標連鎖（整合性）、④マネジメント・サイクルを回す、の4つを実現させる仕組みづくりをすること。制度の運用上のポイントは、面談やミーティングを十分に行い目標設定に時間と労力をかけること。そして、十分な目標設定研修を行うこと。

　能力開発の基本は「自学（自主学習）」なのだから、人事評価制度の主役は個々の職員。主役を放っておいて管理職ばかり研修しても意味がない。全職員を対象に人事評価制度の目的や考え方、制度理解に必要な知識、評価結果の活用の仕方などの研修を実施する必要がある。

　人事評価制度が職員に活用され有効に機能するためには、運用状況などの情報を積極的に公開して制度の透明性を高め職員の信頼と納得を得ることが重要である。

自治体の状況はそれぞれに違っているのであり、自分の自治体の状況に合った本当に機能する制度をつくることが何よりも大切だといえる。

【独り言】
　人事評価をスタートさせたとき、「あんな上司に評価されたくない」と言って自己評価を満点の100点として提出（事実上の評価拒否）する職員が数人いた。その一人ずつに直接会って「あんたの言うとおり情実人事、年齢序列人事でなったアホな課長が確かにいる。気持ちはようわかる。そやから、そんな課長を再生産しないために人事評価が必要なんや。協力してほしい。」と腹を割って話をしたら、次年度からちゃんと自己評価して提出してくれるようになった。職員はタテマエなんかでは動かない。職員に行動してもらうには、やっぱりホンネの制度をホンネで運用せんとあかん（しないとダメ）なんやと実感した。

【独り言】

　今回は紹介できなかったが、前著『元気な自治体をつくる逆転発想の人事評価』のなかで岸和田市の人事評価制度を開発・運用するにあたり「上司は部下を正しく評価できない」を出発点にしたと書いたら大きな反響と共感をいただいた。

　大阪南部にある勇壮なだんじり祭で知られる岸和田市では、タテマエだけの制度は通用しない。だから嘘偽りのないホンネの制度づくりをめざした。それが全国の自治体の職員の方々にこれほど共感いただけるとは思ってもみなかった。

　これは岸和田市の地域性・職員気質というだけではなかったのだ。顔の見える中小規模の組織で働く職員に共通する感覚なのだろう。

　「やっぱり大阪発はおもろい（面白い）なあ！」「そやけど、ほんまにそのとおりや！」と思ってもらえたら大阪人としてこれほどうれしいことはない。

第9章　地公法の改正への対応

　今年（2014年）5月に地方公務員法等の一部を改正する法律が公布された（2年以内に施行）。改正の趣旨は、「能力及び実績に基づく人事管理の徹底」と「退職管理の適正な確保」の2つを図ることとされ、前者については主に①能力本位の任用制度の確立、②人事評価制度の導入、③分限事由の明確化、といった内容となっている。

　本書では、このうち人事評価制度に直接かかわる主な条項をとりあげて、その内容を見るとともに、自治体としてどのように対応すればよいかを考えることにする。

【人事評価制度にかかわる改正条項（抜粋）】

（任命権者）
　第6条　・・・職員の任命、人事評価（任用、給与、分限その他の人事管理の基礎とするために、職員がその職務を遂行するに当たり発揮した能力及び挙げた業績を把握した上で行われる勤務成績の評価をいう。以下同じ。）、休職、免職及び懲戒等を行う権限を有するものとする。

（人事評価の根本基準）
　第23条　職員の人事評価は、公正に行われなければならない。
　2　任命権者は、人事評価を任用、給与、分限その他の人事管理の基礎として活用するものとする。

（人事評価の実施）
　第23条の2　職員の執務については、その任命権者は、定期的に人事

評価を行わなければならない。
 <u>2　人事評価の基準及び方法に関する事項その他人事評価に関し必要な事項は、任命権者が定める。</u>
 3　前項の場合において、任命権者が地方公共団体の長及び議会の議長以外の者であるときは、同項に規定する事項について、あらかじめ、地方公共団体の長に協議しなければならない。

（人事評価に基づく措置）
　第23条の3　任命権者は、前条第一項の人事評価の結果に応じた措置を講じなければならない。

（勤務成績の評定）
　第40条　削除

＊総務省ホームページから、アンダーラインは著者が付したもの。

　上記が人事評価に直接関係する主な改正部分だが、この改正条項と施行日付けで総務省が都道府県知事、政令指定都市市長、人事委員会委員長に宛てて送った通知と添付資料を読んで、「人事評価の実施が義務づけられるとともに、その評価結果を直接的に給料・手当に反映させなければならない」と受け止めている自治体の人事担当者が実に多い。だが、そういう受け止め方でいいのだろうか。順に見ていくことにしよう。

■第6条、第40条
　まず、第6条だが、これは職員の任命、休職、免職、懲戒等の権限を任命権者が有することを定めた条項だ。今回「人事評価」がここに新たに追加された。この条項は1つには「人事評価」とは何かを定義したものだと解釈できる。「職員がその職務を遂行するに当たり発揮した能力及び挙げた業績を把握した上で

行われる勤務成績の評価をいう」がその定義だ。これは国家公務員法の第18条の2にある定義と全く同じだ。

「発揮した能力」という表現は、あたかもコンピテンシー評価を念頭においたもののようにも見える。しかし、国家公務員の人事評価制度の能力評価の評価項目やその着眼点を見ると、旧来の勤務評定の評価基準を手直ししただけのものでしかない。そのことから推測すると、ここでいう能力評価はコンピテンシー評価ではなく従来のままの能力評価のイメージのようだ。それはさておき次に「及び挙げた業績を把握した上で行われる勤務成績の評価」となっていることから、人事評価は能力評価と業績評価の2種類の評価方法で行うと定めたものと解釈できる。

また、廃止された勤務評定がこの第6条に規定されていなかったことを考えると、人事評価が「任命権者の権限」であることを明確にする趣旨であるとも解釈できる。

それにしても、人事評価を定義するカッコ書きに書かれている目的が、「任用、給与、分限その他の人事管理の基礎とするために」とはお粗末だ。人事管理の例示として任用、給与、分限があげられているが、職員の能力開発、人材育成は例示されず「その他」の扱いとなっている。相も変わらず旧態依然とした「人事管理」で、新しい人材マネジメントの発想や能力開発・人材育成の視点がないのが残念だ。

■第23条

次が今回全面的に改正された第23条関係だ。これまで全く絵にかいた餅で実態がなかった「職階制」の規定が全部削除され、「人事評価」を規定する内容となった。

まず、人事評価の根本基準を定める第23条だが、第1項は「人事評価は、公正に行われなければならない」とするお決まりの規定だ。

第2項は、「任命権者は、人事評価を任用、給与、分限その他の人事管理の基礎として活用するものとする」となっている。この条項の解釈のポイントは

2つある。1つは「任命権者は、・・・・活用するものとする」となっていること。つまり、活用の仕方は任命権者の判断に委ねられていることだ。

2つ目のポイントは、筆者がアンダーラインを付した「任用、給与、分限その他の人事管理の基礎として活用する」をどう解釈するかだ。「評価結果を直接的に給与決定に活用する」「評価結果により給与を決定する」とは書かれていない。そうではなく、「基礎として活用する」とされているのだ。

任用への活用を考えればわかるが、評価結果に基づいて評価点が高い課長補佐から順に機械的に課長へ昇任させるなどということは考えられない。そのような直接的な活用ではなく、昇任決定にあたっては評価結果も判断材料の1つとして活用し総合的に判断して決めるというのが普通だろう(内閣官房のホームページで公表されている国家公務員の人事評価マニュアルでも、評価結果の任用への活用は「過去複数年の人事評価の結果が所定の要件を満たす者の中から、最適任者を昇任」となっている)。

そうであるならば、給与への活用の仕方についても同じことが言えるはずだ。評価結果をどのように給与と関係づけるのか、つまり直接反映させるのか間接的に反映させるのかは、任命権者が人事評価を実施してみたうえで、その運用状況などから判断して決めればよいものと解釈できる。

■第23条の2、第23条の3

この第23条の2、第23条の3は、第23条を受けて人事評価の実施と結果に応じた措置を行うことを定めたものだ。ここで注目すべき点はアンダーラインを引いた第23条の2の第2項の「人事評価の基準及び方法に関する事項その他人事評価に関し必要な事項は、任命権者が定める」だ。

人事評価の基準と方法など実施に関する事項だけでなく、「その他人事評価に関し必要な事項」も任命権者が定めるとされている。つまり人事評価の内容と実施方法、そして活用方法は、任命権者が内容に応じて条例、規則、規程などで定めるものと解釈できる。

■第40条

　勤務評定を廃止しその代わりに人事評価を導入するのであるから、勤務評定を規定していた第40条を改正して人事評価を規定するのが普通だと思うのだが、第40条は削除されただけである。

　どうして人事評価を「職階制」の規定だった第23条へわざわざ移動させたのだろうか。考えられるのは、第24条以降の給与に関する規定のすぐ前にある第23条で規定することで、人事評価と給与との間に強い関連性があるようにしたいという意図があったということだ。

　勤務評定が第40条で規定され、これまで第39条の「研修」とセットで「研修及び勤務成績の評定」として取り扱われてきたことと比べると、今回導入する人事評価制度は研修からまったく切り離されてしまった。職員の能力開発、人材育成という観点からは大きく後退したといってよいだろう。

■第24条（給与、勤務時間その他の勤務条件の根本基準）

　今回の改正では、第24条については第2項の「前項の規定の趣旨は、できるだけすみやかに達成されなければならない」が削除されただけで、第1項をはじめその他の条項は改正されていない。この第2項は、第24条第1項がこれまで第23条で規定していた「職階制」を前提にしていたことと、その職階制が未実施であったことから置かれた規定だった。今回の改正で第23条の内容が職階制から人事評価へと全面改正されたので、第2項が不要になったというだけのことだ。従ってこの第2項の削除は何ら気にしないでよい。

第24条　職員の給与は、その職務と責任に応ずるものでなければならない。
2　（削除）

　目を大きく開けて注視しなければならないのは、「職務給の原則」を定めた第1項が改正されていないという事実だ。自治体の多くの人事担当者が、今回の改正で人事評価の評価結果を直接に給料・手当に反映させなければならない

と思い込んでいる。その原因は、改正された第23条関係だけを見て、「給与の根本基準」を定めた第24条が改正されていないことを見逃しているからだ。木を見て森を見ずというのはこのことだ。

これまでどおり「職務給の原則」が給与の根本基準であることに変わりないのだから、人事評価が実施されることになっても給与決定の方法は基本的には何ら変更する必要がないと考えるべきだ。

人事評価の能力評価、業績評価の評価結果で給料・手当を査定するというような直接的な使い方をすれば、それは「能力給」「業績（成果）給」的な運用ということになってしまう。そういう使い方の方が、「職務給の原則」が給与の根本基準であるとする法の趣旨に反する。地公法の全体を見れば、そう解釈する方が正しいといえるのではないだろうか。

（国が自治体に評価結果を直接的に給与に反映させなければならないと法的に拘束しようとするなら、この第24条も改正しておかなければならかったはずだ。だが、そこまでできなかったと見るべきだろう）

蛇足だが、人事評価を給与決定に直接に使えば、人事評価そのものが「勤務労働条件」となり労使間の交渉事項となる。つまり人事評価の基準、実施方法だけでなく、給与反映させる場合に必要となる評価結果の調整、査定基準とその運用など評価結果の活用に関する事項がすべて交渉事項となると考えられる。人事担当者は、実務上そういう点も十分に考慮したうえで今回の法改正に対応することが必要である。

労働組合には、評価結果が給与に直接反映される場合には、特に評価結果の調整、査定基準とその運用（誰がいつ、どんな基準で、どう調整するのか）を明確にするよう理事者に求めてチェックし職員に説明していくことが求められる。そうでないと多くの職員の理解と納得はとうてい得られないだろう。

なお、総務省は2014年11月27日に「人事評価に関する質疑応答集」なるものを送付している。これは総務省ホームページ上では公開されず、自治体に向けて直接送られたようだ。そのなかで「人事評価制度は勤務条件として職員団体との交渉事項となるのか」という問いに対して、「過去の高裁判決では

勤務評定制度については勤務条件ではなく交渉事項にならないと判示されており、人事評価制度も勤務評定と同じ性格のものであるから同様に勤務条件とならず交渉事項にならない」という趣旨の苦しい回答を掲載している。しかし、評価結果を直接的に給与決定に使えば、当然だが人事評価制度は「給与の決定方法」「給与制度そのもの」と見る方が自然だ。総務省の見解は大いに疑問が残るところであり、このような給与決定が労使の合意なしで行われた場合には改めて人事評価制度について訴訟提起されることが予想される。

■**人事評価の活用方法**

　人事評価の評価結果を直接的に給与決定に使う運用は、法の解釈上もいろいろ問題があることがわかった。それでは、今回の法改正を受けて人事評価をどう活用すればよいのだろうか。

　地公法がどうかという以前のことだが、地方自治の本旨に基づいた行政運営という観点からすると、人事評価は自治体の組織力を向上させ住民によりよい行政サービスを提供するために活用されなければならない。既に詳しく説明したように能力評価を職員の能力開発に活用し、業績評価（目標管理）を組織マネジメントの向上のために活用すべきだ。まず、人事評価が本来果たすべき機能が十分に発揮されるように制度運用をすることが基本である。

　今回の地公法改正は、第23条第1項で「職員の人事評価は、公正に行われなければならない」と定めている。だが、実際の評価が公正なものとなるかどうかは別の話だ。法で「公正に行われなければならない」と定めているから評価結果が公正であるというのは法による擬制、虚構（フィクション）に過ぎない。

　現実には主観が入らない評価なんて不可能だ。そんなことは人事評価制度にかかわっている者であれば誰もが知っていることだ。人事担当者でなくても、職員はみんなそう感じている。私は自治体現場で人事担当として人事評価制度を開発し運用してきた。上司から評価されることも、上司として部下を評価することも経験した。その実務者が「主観が入らない公正な評価はあり得ない」と断言するのだから間違いない。

国家公務員の人事評価制度を使っても、岸和田方式の人事評価制度を使っても、どの自治体の人事評価制度を使っても、ダイレクトに何かに反映できるような精度の高い評価結果を得ることは不可能だ。そんな評価制度は存在しない。それが現実なのだ。

　大切なのは、そのような人事評価制度の現実をわかったうえで、評価結果の活用方法を考えることだ。評価には評価者のいろいろな主観が入る。生身の人間のことだから、好き嫌いの感情が入ることもある、上司と部下の相性が良いことも悪いこともある。性格的に評価が厳しくなる人もあれば、反対に甘い評価をする人もいる。「ハロー効果、論理誤差などに注意して評価しましょう」などといった勤務評定時代の意味のない評価者研修をいくらしたところで、それらがなくなるはずもない。人事評価とはそういうものだ、という現実からスタートすることが必要だ。

　つまり、評価結果の客観性・評価精度は直接使えるほど高いものではない、だから単年度の評価結果を処遇にダイレクトに反映させると公正でないだけでなく反対に不公平な処遇となってしまうリスクが大きい。そのリスクを軽減する方法としては、単年ではなく複数年（少なくとも3年程度）の評価結果を使うようにすることだ。その間に評価者が代わる場合が多く、異なる評価者間で同じような評価結果であればある程度妥当な評価であると判断できるからだ。

　例えば岸和田市では、過去3年間の評価結果を昇任（昇格）決定の参考資料として活用している。いま言ったように、過去3年程度の結果を見ればある程度妥当な判断ができると考えられるからだ。人事評価で継続して高い評価の者を積極的に昇任させるようにする。昇任すれば昇給するわけであり、早く昇任した者と遅い者とでは年収でかなりの差が生じることになる。これが給与の根本基準である「職務給の原則」にも合い、しかも今回の地公法改正の趣旨である「能力及び実績に基づく人事管理」を実現することではないだろうか。

　なお、今回の法改正で「人事評価の基準及び方法に関する事項その他人事評価に関し必要な事項は、任命権者が定めるものとする（第23条の2第2項）」とされていることから、人事評価の実施にあたって各自治体はこの「任命権者

の定め」を整備する必要がある。ただし、その定め方については特に決まっていないので形式は規則、要綱、要領などから選択すればよい。巻末に「岸和田市職員人事考課実施要綱」を掲載しておくので参考にしていただきたい（なお、岸和田市では「人事評価」でなく「人事考課」という名称を使っている）。

　自治体によって組織と職員の状況はまちまちだ。規模や地域性もそれぞれ違うし、組織文化や職員の気質も異なる。言えることは、総務省からの説明資料などをそのまま鵜呑みにしないことだ。資料は資料でしかない。資料に書かれていることは、あくまでも1つの運用例を示しているに過ぎない。総務大臣名の通知文には人事評価については「人事管理の基礎として活用するものとすること」としか書かれていないのだ。

　「任命権者」である自治体の首長、幹部職員と人事担当者は思考停止しないで、しっかりと改正された各条項を読んで、目の前の組織と職員の状況を見たうえで自分の頭で考えて判断していただきたい。自分のところの職員・組織にはどのような人事評価制度が最もふさわしいのか、人事評価をどう活用するのが組織力をアップし住民サービスの向上につながるのかは、国が判断することではなく、それぞれの自治体が自治的に判断することなのだ。中央集権の20世紀は終焉し、時代は既に地方分権の21世紀になっている。

【独り言】

　岸和田方式の人事評価制度を導入しているG市の担当者に、「国や県、近隣の自治体が給与反映を目的に処遇管理型の制度を導入するなかで、人材育成型の制度を導入するのはすごく勇気が要ったのでは？」と尋ねてみた。すると、「それは、導入当時の担当者が民間企業の経験者だったからですよ。成果主義が導入され職場も人間関係も壊れていくのを実際に経験していたから人材育成型の人事評価制度に出合ったとき、これなら大丈夫だ、これで行こう！と思ったそうです。」という答えがすぐに帰ってきた。

　なるほどなあ、そういうことやったんかと納得した。

(資料)「岸和田市職員人事考課実施要綱」

(目的)
第1条 この要綱は、人事考課の実施に関し必要な事項を定めることにより、職員の能力開発と組織の活性化を図り、もって能力・実績を重視した適材適所の人事管理の推進に資することを目的とする。
(考課の種類及び運用の基本方針)
第2条 人事考課の種類は、次の各号に掲げるとおりとし、その運用に当たっての基本方針は、それぞれ当該各号に定めるところによる。
 (1) 能力考課 職員が職務の遂行において発揮した能力を考課するもので、職員の自主的な学習を支援し、個性を生かした人材育成を図るため、考課結果を全面的に職員本人に開示するとともに、育成のための面談を重視した運用を図る。
 (2) 実績考課 職員が職務の遂行によって達成した実績を考課するもので、職員が仕事の意義・達成感を感じ、組織内の意思疎通を高めることにより、組織の活性化が図られるよう、目標の共有及び達成過程を重視した運用を図る。
 (3) マネジメント・サポート 課長又はこれに相当する職にある職員(以下「課長等」という。)を参与及び当該課長等の部下(以下「課員」という。)が考課するもので、課長等が課員による考課結果から自己をより良く知り、もって自己のマネジメント能力を向上させ、職場運営を改善することができる運用を図る。
(対象職員)
第3条 人事考課の対象は、常勤の一般職に属する職員とする。ただし、市長が別に定める職員を除く。
(考課の基本原則)
第4条 職員は、自らが第1次考課者であることを自覚し、能力考課に当たっては、自己の職務行動を客観的にとらえ考課するように心がけなければならない。また、実績考課に当たっては、挑戦的な目標を設定するようにし、目標の達成度の考課に当たっては、事実に基づいた客観的な考課に努めるものとする。
2 第2次考課者及び第3次考課者は、能力考課に当たっては、公平、公正を旨とし、部下の職務行動について観察した事実に基づき考課しなければならない。また、実績考課に当たっては、部下が挑戦的な目標を設定するよう指導するとともに、目標が達成されるよう必要な支援、助言を行わなければならない。
(能力考課)
第5条 能力考課の対象職員、考課者及び考課項目は、別表第1に定めるところによる。
2 考課の対象期間は毎年4月1日から10月31日までの期間とし、11月1日を基準日として考課する。ただし、基準日において能力考課の対象期間のうち実際に勤務した期間が3ヶ月に満たない場合は、3ヶ月に達する日を基準日とする。
(実績考課)
第6条 実績考課の対象職員及び考課者は、別表第2に定めるところによる。
2 考課の対象期間は毎年4月1日から翌年3月31日までの期間とし、1月1日を基準日として考課する。
3 設定する目標は、組織の課題を踏まえて設定する職務に関する目標(以下「職務目標」という。)及び部下の育成に関する目標(以下「指導育成目標」という。)とする。職務目標の設定に当たっては、組織内のコミュニケーションを図り、目標が共有されるように努めるものとする。
4 第2次考課者は、対象職員と第2項の基準日前の適切な時期に面談を実施し、設定した目標の進捗状況についての中間報告を受けるとともに、目標の達成に必要な支援・助言を行うものとする。
(マネジメント・サポート)
第7条 課長等を対象にマネジメント・サポートを実施する。
2 課員の中から課内の合意により選任された3名以上の考課者(以下「サポーター」という。)が課長等を

考課する。ただし、課において3名以上のサポーターを選任することができない場合にあっては、これを実施しない。
3　サポーターは毎年度10月1日から12月20日までの期間に当該年度における課長等の職務行動について考課し、考課結果を所属部長に提出するものとする。
（考課結果の開示）
第8条　考課結果は、対象職員に開示する。
2　能力考課においては、第2次考課者又は第3次考課者は面談を実施し、考課結果を対象職員に開示するものとする。開示に当たっては人材育成の視点から考課結果の説明及び指導、助言を行うものとし、職員のプライバシー保護に十分な注意を払わなければならない。
3　実績考課においては、対象職員と第2次考課者との面談により職務目標及び指導育成目標について考課結果を確定し、これをもって考課結果の開示とする。
4　マネジメント・サポートにおいては、部長は、サポーターの考課結果を能力考課の結果と同時に課長等に開示し、指導、助言を行うものとする。

（考課結果の活用）
第9条　職員は、考課結果を真摯に受け止め、自己の能力開発のために活用するよう努めるものとする。
2　人事課は、考課結果を職員研修の企画、立案並びに実施に活用し、職員の能力開発の支援に努めるとともに、人事に関する重要な情報として適材適所の配置管理、実績及び能力を重視した昇格管理の実現のために活用するものとする。
3　考課結果は、前2項に規定する目的以外の目的のために利用してはならない。

（その他）
第10条　この要綱に定めるもののほか、人事考課の実施に必要な事項は、市長が別に定める。

　　　附　則
この要綱は、平成18年11月1日から施行する。
　　　附　則
この要綱は、平成19年4月1日から施行する。
　　　附　則
この要綱は、平成24年4月1日から施行する。

第9章　地公法の改正への対応

別表第1（第5条関係）
能力考課の対象職員、考課者及び考課項目

対象職員	考課者			考課項目
	第1次考課者	第2次考課者	第3次考課者	
課　長 参　事 (部の特命)	本人	部長	担当副市長	1　変革力 2　市民満足志向 3　コミュニケーション 4　リーダーシップ 5　活力ある職場づくり 6　人材育成力 7　役割認識・責任行動 8　目標達成力 9　知識・情報力 10　対人折衝力
参　事 主　幹 担当長	本人	課長	部長	1　必須項目 　(1)　変革力 　(2)　市民満足志向 　(3)　コミュニケーション 　(4)　職務遂行力 　(5)　自己能力開発 　(6)　職場マナー・チーム貢献
主　査 その他の職員	本人	担当長	課長	2　選択項目 　(1)　情報収集・活用 　(2)　OA活用力 　(3)　計画力 　(4)　対人関係力 　(5)　セルフコントロール 　(6)　人材育成力

備考
1　考課項目の細目及び考課点は、職員に求められるコンピテンシー（業績向上につながる行動特性をいう。）を基に市長が別に定める。
2　考課項目のうち、選択項目については、対象職員が6項目のうち2項目を選択し、考課するものとする。
3　担当副市長とは、対象職員が属する組織の分掌事務を所掌する副市長をいう。
4　考課者の休職その他の理由によって考課の実施が困難なときは、市長が指名する者を考課者とする。
5　部長直轄の特命事項を持つ参事以外は、第2次考課者を「課長」、第3次考課者を「部長」とする。

別表第2(第6条関係)
実績考課の対象職員及び考課者

対象職員	考課者		
	第1次考課者	第2次考課者	第3次考課者
部　長 理　事	本人	担当副市長	－
課　長 参　事 (部の特命)	本人	部長	担当副市長
参　事 主　幹 担当長	本人	課長	部長

備考
1　担当副市長とは、対象職員が属する組織の分掌事務を所掌する副市長をいう。
2　考課者の休職その他の理由によって考課の実施が困難なときは、市長が指名する者を考課者とする。
3　部長直轄の特命事項を持つ参事以外は、第2次考課者を「課長」、第3次考課者を「部長」とする。

おわりに

　私は大阪南部にある岸和田市（人口約20万人）の職員として38年間働き、一昨年（2013年）3月末に退職した。そのうちの14年間は人事課に所属し人事と研修（能力開発）の仕事を担当した。そのなかで「人材育成型」の人事評価制度を開発し、実際にその運用にも携わった。多くの課題やトラブルに直面して悩み試行錯誤を繰り返しながらも、職員のみなさんの協力を得てなんとか人事評価制度の運用を軌道に乗せることができた。また、全国の自治体の人事担当の方々や友人たちと意見交換するなかで、人材育成や人事評価、人事政策について多くのことを学ばせていただいた。その経験と学びの集大成がこの本だ。

　多くの自治体職員に人事評価のあり方について考える材料となるものをお届けしたい、そして所属されている組織の人事制度について真剣に考え、能力開発と組織マネジメントの向上に活用してもらいたいという思いからこの本を執筆した。

　行政学や経営学を体系的に学んだわけでもなく、専門的に研究しているわけでもない。まったくの我流で「自学」して得たわずかな知識と実務のなかでの経験をまとめただけに過ぎない。私自身の理解不足から説明が不十分でわかりにくい点も多くあると思う。しかし、自治体の実務者、現場の人事マンだからこその視点、考え方を提示できたのではないかと思っている。

　人事評価制度は人事制度の核となる極めて重要な制度であり、どのような人事評価制度が導入されるかによって職員の働き方、組織の文化は大きく影響される。大袈裟ではなく、それは自治体の行政のあり方、まちづくりのあり方にも少なからず影響を及ぼす問題だといえるだろう。

　人事評価制度はうまく活用すれば職員の能力開発と組織マネジメントの向上

につながり、自治体の職員と組織を元気にすることができる。しかし、活用の仕方を間違えると「やらされ感」から職員のモチベーションが低下するだけでなく、職員と組織を壊すことになってしまう。それは2000年以降の民間企業における成果主義の失敗とその後の脱成果主義の人事制度への改革の動きを見れば誰の目にも明らかなことだ。民間企業の失敗に学び、決してその失敗を繰り返さないようにしなければならない。

　地公法が改正されたいま、自治体の人事制度、人事政策はまさに岐路に立っている。国が進めようとする「処遇管理型（20世紀型）」の人事評価制度が導入されていくのか、「人材育成型（21世紀型）」の人事評価制度がさらに多くの自治体に広まるのかによって、その行方が決まるだろう。

　公務員バッシング、財政難が続くこの厳しい状況のなかで給与の査定に使わない「人材育成型」の人事評価制度だなんて。そんなきれいごとの甘い考えの制度が通用するわけがない。やはり、現実的な「信賞必罰」「アメとムチ」で職員を競争させ厳しく管理する「処遇管理型」の人事評価制度でないとダメだ。そう批判する人もいる。だが、そういう人には給与に差をつけさえすれば職員はやる気を出し能力も向上するという昭和レトロな人事管理論の方が、目の前の組織や職員の実態を見ない非現実的な甘い考えだとお返ししたい。どちらの方が自治体の組織と職員の実態に即した現実的な考え方なのかの判断は読者にお任せする。結果は10年も待たずに自ずと明らかになるだろう。

2015年4月

小堀　喜康

<参考文献>

【単行本】
- 太田肇『認められたい』日本経済新聞社　2005 年
- 太田肇『日本人ビジネスマン「見せかけの勤勉」の正体』PHP 研究所　2010 年
- 太田肇『承認とモチベーション』同文舘出版　2011 年
- 太田肇『組織を強くする人材活用戦略』日経文庫　2013 年
- 稲継裕昭『自治体の人事システム改革』ぎょうせい　2006 年
- 稲継裕昭『プロ公務員を育てる人事戦略』ぎょうせい　2008 年
- 五十嵐英憲『新版　目標管理の本質』ダイヤモンド社　2003 年
- 岩崎夏海『もし高校野球の女子マネージャーがドラッカーの『マネジメント』を読んだら』ダイヤモンド社　2009 年
- アンダーセン『図解　コンピテンシーマネジメント』東洋経済新報社　2002 年
- ヘイコンサルティンググループ『正しいコンピテンシーの使い方』PHP 研究所　2001 年
- P.F. ドラッカー（上田惇生訳）『現代の経営　上・下』ダイヤモンド社　2006 年
- P.F. ドラッカー（上田惇生訳）『マネジメント　中』ダイヤモンド社　2008 年
- ダニエル・ピンク（大前研一訳）『モチベーション 3.0』講談社　2010 年
- 市川伸一『学ぶ意欲の心理学』PHP 新書　2001 年
- 平尾誠二『人は誰もがリーダーである』PHP 新書　2006 年
- 高橋俊介『自分らしいキャリアのつくり方』PHP 新書　2009 年
- 高山直『EQ 入門』日経文庫　2007 年
- 小笹芳央『モチベーション・マネジメント』PHP 研究所　2002 年

【雑誌】
- 『Works No.57 コンピテンシーとは、何だったのか』リクルートワークス研究所　2003 年

■著者プロフィール

小堀喜康（こぼり・よしやす）
　大阪市立大学法学部を卒業し、1975年に岸和田市役所入庁。1993年から2007年まで人事課で人事・研修係長、参事（能力開発担当）。岸和田方式の人材育成型人事考課制度の立案・導入・運用を中心となって進める。その後、広報公聴課長、監査事務局長、市議会事務局長、会計管理者を歴任し2013年3月退職。
　2013年4月から自学工房（人材育成アドバイザー・人事評価実務コンサルタント）として各地で講演・研修の講師を務め、岸和田方式の人材育成型人事評価制度を全国に広める活動をしている。
　2011年2月に（財）日本都市センター第1回都市調査研究グランプリにおいて「自治体職員の成長要因に関する調査研究」で職員自主調査研究部門優秀賞を受賞。全国の自治体職員約800名が参加する「自治体職員有志の会」のメンバー、自治体学会会員。
　著書に『元気な自治体をつくる　逆転発想の人事評価』(2007年　ぎょうせい)がある。また、「岸和田市の人材育成型人事考課制度」（総務省『地方公務員月報』2004年2月号）、「人材育成型人事考課制度の設計思想」（神戸都市問題研究所『都市政策』2005年7月）、「能力開発とコンピテンシー評価」（公職研『地方自治職員研修臨時増刊87号　自学するヒト・自学する組織』2008年3月）、「『自学』を基本にした戦略的な職員研修へ」（ぎょうせい『ガバナンス』2013年12月号）、「職員のモラル・モラールを高める人事評価」（ぎょうせい『ガバナンス』2014年12月号）など多くの論稿がある。

【連絡先など】
　携帯電話：090-4306-2186　または　Mail：jigakukobo@gmail.com
　自学工房ホームページ　URL:http://www.jigakukobo.com/

自治体の人事評価がよくわかる本
これからの人材マネジメントと人事評価

2015 年 5 月 25 日　初版発行

　　著　者　　小堀　喜康
　　発行人　　武内　英晴
　　発行所　　公人の友社
　　　　　　　〒112-0002　東京都文京区小石川 5 － 2 6 － 8
　　　　　　　TEL 03 － 3811 － 5701
　　　　　　　FAX 03 － 3811 － 5795
　　　　　　　E メール　info@koujinnotomo.com
　　　　　　　http://koujinnotomo.com/

No.15 対話と議論で〈つなぎ・ひきだす〉ファシリテート能力育成ハンドブック
土山希美枝・村田和代・深尾昌峰 1,200円

No.16 「質問力」からはじめる自治体議会改革
土山希美枝 1,100円

No.17 東アジア中山間地域の内発的発展
日本・韓国・台湾の現場から
清水万由子・尹誠國・谷垣岳人・大矢野修 1,200円

No.18 カーボンマイナスソサエティ
クルベジでつながる、環境、農業、地域社会
編著：定松功 1,100円

【単行本】

フィンランドを世界一に導いた100の社会改革
編著 イルカ・タイパレ
訳 山田眞知子 2,800円

公共経営学入門
編著 ボーベル・ラフラー
訳 みえガバナンス研究会 2,500円

変えよう地方議会
～3・11後の自治に向けて
監修 稲澤克祐、紀平美智子
編著 河北新報社編集局 2,000円

自治体職員研修の法構造
田中孝男 2,800円

自治基本条例は活きているか？！
～ニセコ町まちづくり基本条例の10年
編 木佐茂男・片山健也・名塚昭 2,000円

国立景観訴訟～自治が裁かれる
編著 五十嵐敬喜・上原公子 2,800円

成熟と洗練
～日本再構築ノート
松下圭一 2,500円

地方自治制度「再編論議」の深層
監修 木佐茂男
青山彰久・国分高史 1,500円

総合計画の新潮流
自治体経営を支えるトータル・システムの構築
監修・著 玉村雅敏
編集 日本生産性本部 2,400円

韓国における地方分権改革の分析～弱い大統領と地域主義の政治経済学 尹誠國 1,400円

自治体国際政策論
～自治体国際事務の理論と実践
楠本利夫 1,400円

自治体職員の「専門性」概念
～可視化による能力開発への展開
林奈生子 3,500円

アニメの像VS.アートプロジェクト～まちとアートの関係史
竹田直樹 1,600円

NPOと行政の《協働》活動における『成果要因』
～成果へのプロセスをいかにマネジメントするか
矢代隆嗣 3,500円

おかいもの革命
消費者と流通販売者の相互学習型プラットホームによる低酸素型社会の創出
編著 おかいもの革命プロジェクト 2,000円

原発再稼働と自治体の選択
原発立地交付金の解剖
高寄昇三 2,200円

「地方創生」で地方消滅は阻止できるか
地方再生策と補助金改革
高寄昇三 2,400円

総合計画の理論と実務
行財政縮小時代の自治体戦略
編著 神原勝・大矢野修 3,400円

【自治体危機叢書】

2000年分権改革と自治体危機
松下圭一 1,500円

自治体財政破綻の危機と管理
加藤良重 1,400円

自治体連携と受援力
もう国に依存できない
神谷秀之・桜井誠一 1,600円

政策転換への新シナリオ
小口進一 1,500円

住民監査請求制度の危機と課題
田中孝男 1,500円

政府財政支援と被災自治体財政
東日本・阪神大震災と地方財政
高寄昇三 1,600円

震災復旧・復興と「国の壁」
神谷秀之 2,000円

自治体財政のムダを洗い出す
財政再建の処方箋
高寄昇三 2,300円

[京都府立大学 京都政策研究センターブックレット]

No.1 地域貢献としての「大学発シンクタンク（KPI）の挑戦
編著 青山公三・小沢修司・杉岡秀紀・藤沢実 1,000円

No.2 もうひとつの「自治体行革」
住民満足度向上へつなげる
編著 青山公三・小沢修司・杉岡秀紀・藤沢実 1,000円

No.3 地域力再生とプロボノ
行政におけるプロボノ活用の最前線
編著 杉岡秀紀
著 青山公三・鈴木康久・山本伶奈 1,000円

[TAJIMI CITY ブックレット]

No.1 転型期の自治体計画づくり
松下圭一 1,000円

No.2 これからの行政活動と財政
西尾勝 1,000円（品切れ）

No.3 構造改革時代の手続的公正と第二次分権改革
鈴木庸夫 1,000円

No.4 自治基本条例はなぜ必要か
辻山幸宣 1,000円

No.5 自治のかたち、法務のすがた
天野巡一 1,100円

No.6 自治体再構築における行政組織と職員の将来像
神原勝 1,000円

No.7 今井照 1,100円（品切れ）

No.8 持続可能な地域社会のデザイン
植田和弘 1,000円

No.9 「政策財務」の考え方
加藤良重 1,000円

No.10 市場化テストをいかに導入するべきか
竹下譲 1,000円

No.11 市場と向き合う自治体
小西砂千夫・稲澤克祐 1,000円

[北海道自治研ブックレット]

No.1 市民・自治体・政治
再論・人間型としての市民
松下圭一 1,200円

No.2 公共政策教育と認証評価システム
坂本勝 1,100円

No.3 暮らしに根ざした心地よいまち
1,100円

No.4 議会基本条例の展開
その後の栗山町議会を検証する
橋場利勝・中尾修・神原勝 1,200円

No.5 持続可能な都市自治体づくりのためのガイドブック
1,100円

No.3 福島町の議会改革
議会基本条例＝開かれた議会づくりの集大成
溝部幸基・石堂一志・中尾修・神原勝 1,200円

No.4 議会改革はどこまですすんだか
改革8年の検証と展望
神原勝・中尾修・江藤俊昭・廣瀬克哉 1,200円

[地域ガバナンスシステム・シリーズ]
（龍谷大学地域人材・公共政策開発システム・オープン・リサーチセンター（LORC）企画・編集）

No.5 英国における地域戦略パートナーシップ
編：白石克孝、監訳：的場信敬 900円

No.6 マーケットと地域をつなぐパートナーシップ
編：白石克孝、著：園田正彦 1,000円

No.7 政府・地方自治体と市民社会の戦略的連携
的場信敬 1,000円

No.8 多治見モデル
大矢野修 1,400円

No.9 市民と自治体の協働研修ハンドブック
土山希美枝 1,600円

No.10 行政学修士教育と人材育成
坂本勝 1,100円

No.11 アメリカ公共政策大学院の認証評価システムと評価基準
早田幸政 1,200円

No.12 イギリスの資格履修制度
資格を通しての公共人材育成
小山善彦 1,000円

No.14 炭を使った農業と地域社会の再生
市民が参加する地球温暖化対策
井上芳恵 1,400円

No.48 政策財務と地方政府　加藤良重　1,400円

No.49 政令指定都市がめざすもの　高寄昇三　1,400円

No.50 良心的裁判員拒否と責任ある参加　市民社会の中の裁判員制度　大城聡　1,000円

No.51 討議する議会　自治体議会学の構築をめざして　江藤俊昭　1,200円

No.52【増補版】大阪都構想と橋下政治の検証　府県集権主義への批判　高寄昇三　1,200円

No.53 虚構・大阪都構想への反論　橋下ポピュリズムと都市主権の対決　高寄昇三　1,200円

No.54 大阪市存続・大阪都粉砕の戦略　地方政治とポピュリズム　高寄昇三　1,200円

No.55「大阪都構想」を越えて　問われる日本の民主主義と地方自治　(社)大阪自治体問題研究所　1,200円

No.56 翼賛議会型政治・地方民主主義への脅威　地域政党と地方マニフェスト　高寄昇三　1,200円

No.57 なぜ自治体職員にきびしい法遵守が求められるのか　加藤良重　1,200円

No.58 東京都区制度の歴史と課題　都区制度問題の考え方　著：栗原利美、編：米倉克良　1,400円

No.59 七ヶ浜町（宮城県）で考える「震災復興計画」と住民自治　編著：自治体学会東北 YP　1,400円

No.60 市民が取り組んだ条例づくり　市長・職員・市議会とともにつくった所沢市自治基本条例　編著：所沢市自治基本条例を育てる会　1,400円

No.61 いま、なぜ大阪市の消滅なのか　「大都市地域特別区法」の成立と今後の課題　編著：大阪自治を考える会　800円

No.62 地方公務員給与は高いのか　非正規職員の正規化をめざして　著：高寄昇三・山本正憲　1,200円

No.63 大阪市廃止・特別区設置の制度設計案を批判する　いま、なぜ大阪市の消滅なのか Part2　編著：大阪自治を考える会　900円

No.64 自治体学とはどのような学か　森啓　1,200円

【福島大学ブックレット 21世紀の市民講座】

No.1 外国人労働者と地域社会の未来　著：桑原靖夫・香川孝三　編：坂本恵　900円＊

No.2 自治体政策研究ノート　今井照　900円

No.3 住民による「まちづくり」の作法　今西一男　1,000円

No.4 格差・貧困社会における市民の権利擁護　金子勝　900円

No.5 法学の考え方・学び方　イェーリングにおける「秤」と「剣」　富田哲　900円

No.6 今なぜ権利擁護か　ネットワークの重要性　高野範城・新村繁文　1,000円

No.7 小規模自治体の可能性を探る　保母武彦・菅野典雄・佐藤力・竹内是俊・松野光伸　1,000円

No.8 小規模目治体の生きる道　連合自治の構築をめざして　神原勝　900円

No.9 文化資産としての美術館利用　地域の教育・文化的生活に資する方法研究と実践　辻みどり・田村奈保子・真歩仁しょん　900円

No.10 フクシマで"日本国憲法（前文）"を読む　家族で語ろう憲法のこと　金井光生　1,000円

No.65 通年議会の〈導入〉と〈廃止〉　長崎県議会による全国初の取り組み　松島完　900円

No.66 平成忠臣蔵・泉岳寺景観の危機　吉田朱音・牟田賢明・五十嵐敬喜　800円

No.67 大阪市の廃止・分割　その是非を問う住民投票を前に　編著：大阪自治を考える会　926円

No.68 地域主体のまちづくりで「自治体職員」が重視すべきこと　事例に学び、活かしたい5つの成果要因　矢代隆嗣　800円

公人の友社 出版案内

[地方自治ジャーナルブックレット]

No.10 自治体職員の能力　自治体職員能力研究会　971円

No.11 パブリックアートは幸せか　山岡義典　1,166円＊

No.12 市民が担う自治体公務　パートタイム公務員論研究会　1,359円

No.14 上流文化圏からの挑戦　山梨学院大学行政研究センター　1,166円

No.15 市民自治と直接民主制　高寄昇三　951円

No.16 議会と議員立法　上田章・五十嵐敬喜　1,600円＊

No.17 分権段階の自治体と政策法務　山梨学院大学行政研究センター　1,456円

No.18 地方分権と補助金改革　高寄昇三　1,200円

No.19 分権化時代の広域行政　山梨学院大学行政研究センター　1,200円

No.20 あなたの町の学級編成と地方分権　田嶋義介　1,200円

No.22 ボランティア活動の進展と自治体の役割　山梨学院大学行政研究センター　1,200円

No.23 新版2時間で学べる「介護保険」　加藤良重　800円

No.24 男女平等社会の実現と自治体の役割　山梨学院大学行政研究センター　1,200円

No.25 市民がつくる東京の環境・公害条例　市民案をつくる会　1,000円

No.26 東京都の「外形標準課税」はなぜ正当なのか　青木宗明・神田誠司　1,000円

No.27 少子高齢化社会における福祉のあり方　山梨学院大学行政研究センター　1,200円

No.28 財政再建団体　橋本行史　1,000円（品切れ）

No.29 交付税の解体と再編成　高寄昇三　1,000円

No.30 町村議会の活性化　山梨学院大学行政研究センター　1,200円

No.31 地方分権と法定外税　外川伸一　800円

No.32 東京都銀行税判決と課税自主権　高寄昇三　1,200円

No.33 都市型社会と防衛論争　松下圭一　900円

No.34 中心市街地の活性化に向けて　山梨学院大学行政研究センター　1,200円

No.35 自治体企業会計導入の戦略　高寄昇三　1,100円

No.36 行政基本条例の理論と実際　神原勝・佐藤克廣・辻道雅宣　1,100円

No.37 市民文化と自治体文化戦略　松下圭一　800円

No.38 まちづくりの新たな潮流　山梨学院大学行政研究センター　1,200円

No.39 ディスカッション三重の改革　中村征之・大森彌　1,200円

No.40 政務調査費　宮沢昭夫　1,200円（品切れ）

No.41 市民自治の制度開発の課題　山梨学院大学行政研究センター　1,200円

No.42 《改訂版》自治体破たん・「夕張ショック」の本質　橋本行史　1,200円＊

No.43 分権改革と政治改革　西尾勝　1,200円

No.44 自治体人材育成の着眼点　浦野秀一・井澤壽美子・野田邦弘・西村浩・三関浩司・杉谷戸知也・坂口正治・田中富雄　1,200円

No.45 シンポジウム障害と人権　橋本宏子・森田明・湯浅和恵・池原毅和・青木九馬・澤静子・佐々木久美子　1,400円

No.46 地方財政健全化法で財政破綻は阻止できるか　高寄昇三　1,200円

No.47 地方政府と政策法務　加藤良重　1,200円